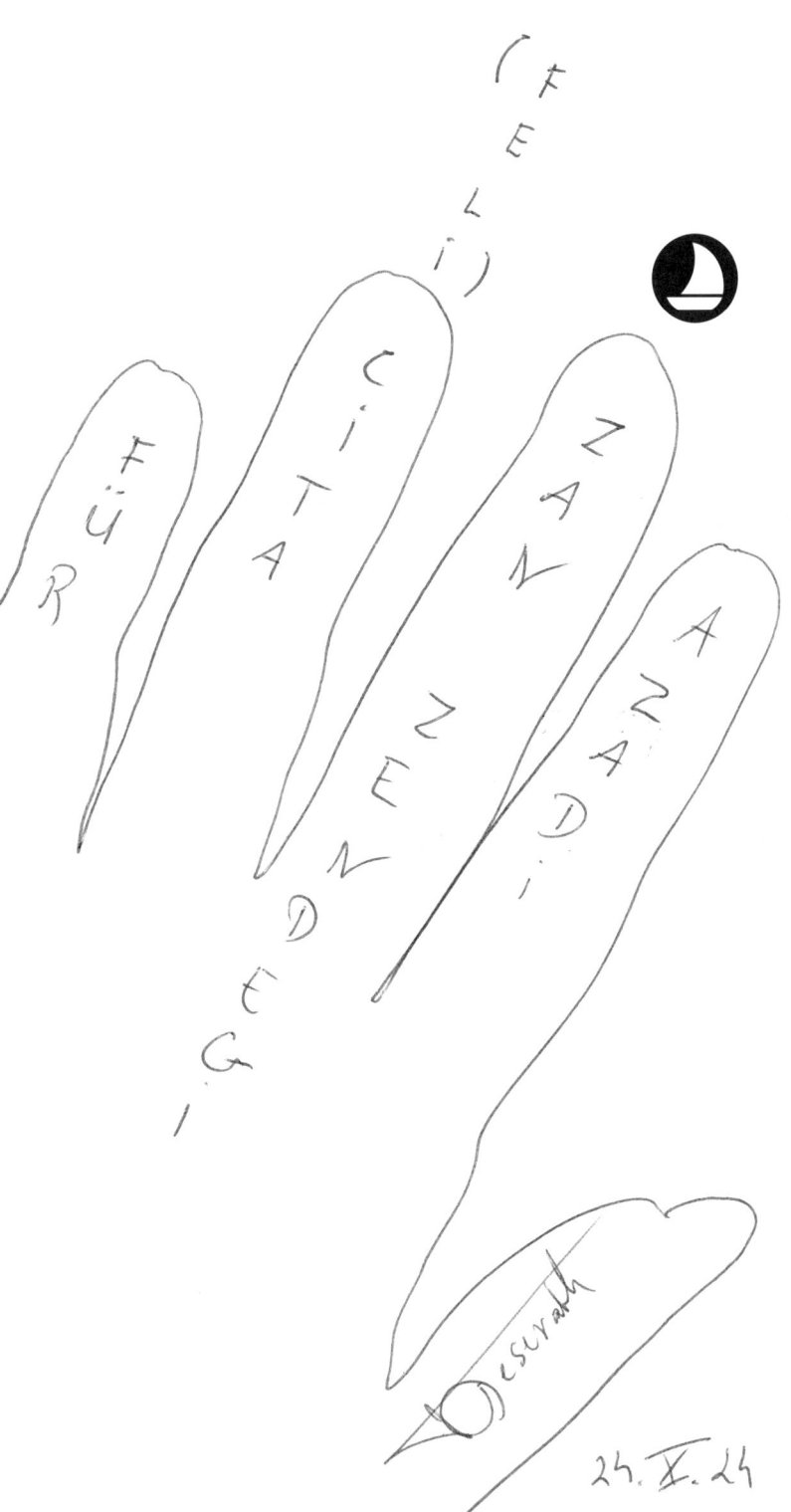

(FELi)

FÜR

LiCiTATiZENDEGi

ZANADi

(signature) Eschrath

24.X.24

François-Henri Désérable

# Eine verfahrene Welt

## Meine Reise durch den Iran

Aus dem Französischen von
Tobias Scheffel und Claudia Steinitz

EDITION BLAU
Rotpunktverlag

Der Rotpunktverlag wird vom Bundesamt für Kultur
mit einem Strukturbeitrag für die Jahre 2021 bis 2025
unterstützt.


Die Originalausgabe ist 2023 unter dem Titel
*L'usure d'un monde. Une traversée de l'Iran* in den Éditions
Gallimard erschienen.

Umschlagbild und alle weiteren Fotos:
François-Henri Désérable

Lektorat: Anina Barandun

Korrektorat: Sarah Schroepf

Satz: Patrizia Grab

Druck und Bindung: Friedrich Pustet, Regensburg


ISBN 978-3-03973-037-7
1. Auflage 2024


Dieser Titel ist auch als E-Book erhältlich.

*Für die Iranerinnen*
*wehendes Haar*
*aufrecht im Wind*

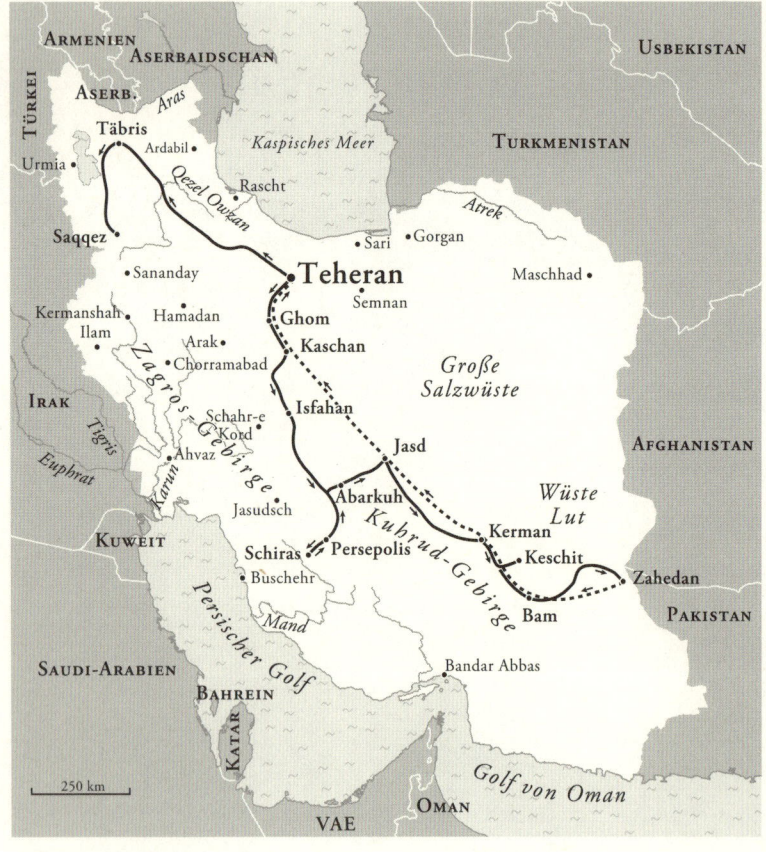

# Inhalt

»Hier, wo alles schiefgeht, haben wir mehr Gast-
freundschaft, guten Willen, Feingefühl und
Unterstützung angetroffen, als zwei Perser auf
Reisen in meiner Heimatstadt, wo doch alles
bestens geregelt ist, erwarten dürften.«

Nicolas Bouvier
*Die Erfahrung der Welt* [1]

1  Nicolas Bouvier *Die Erfahrung der Welt,* Benziger, Zürich 1980
(neueste Auflage: Lenos, Basel 2023), deutsch von Trude Fein und
Regula Renschler, S. 237.

»Monsieur Désérable?«

Ich habe nicht die Angewohnheit, Anrufe mit unbekannter Nummer wegzudrücken. Im Unbekannten liegt ein Geheimnis, das nach Aufklärung verlangt. Auch wenn das Geheimnis sich oft genug als Telefonwerbung oder etwas ähnlich Lästiges entpuppt – wenn auf meinem Display eine unbekannte Nummer auftaucht, gehe ich ran.

»Guten Tag, hier ist der Krisenstab des Außenministeriums. Sie haben die französische Botschaft über eine geplante Iranreise informiert. Ich sage es Ihnen klipp und klar: Verzichten Sie darauf! Das Außenministerium hat eine dringende, eine sehr dringende Reisewarnung für den Iran herausgegeben. Wir haben das ganze Gebiet zur roten Zone erklärt, es gibt fast keine Franzosen mehr im Land. Wer noch dort ist, bereitet seine Rückkehr vor, und wer nicht zurückkommt, sitzt im Gefängnis. Im Augenblick sind mehrere französische Bürger in Haft. Die Gefahr einer willkürlichen Festnahme ist sehr hoch, hören Sie, sehr, sehr hoch.

Wenn Sie verhaftet werden, denkt man sich irgendeine Anklage aus und verurteilt Sie für Gott weiß was, Spionage, Propaganda, Verschwörung gegen die nationale Sicherheit, die finden einen Grund – die finden immer einen Grund. Sie werden zur Spielfigur, zum Tauschobjekt, wir können Ihnen keinen konsularischen Schutz gewähren, wir können Sie nicht im Gefängnis besuchen, kurzum, wir werden nicht viel für Sie tun können und Sie werden lange sitzen: ein Jahr, zwei Jahre, vielleicht zehn, wer weiß, hören Sie, Monsieur Désérable?«

»Aber ich…«

»Der Iran ist kein Rechtsstaat, Monsieur Désérable. Verzichten Sie auf die Reise.«

»Das würde ich gern, aber…«

In diesem Moment knisterte eine andere Stimme in einem Lautsprecher:

»Meine Damen und Herren, der Flugkapitän und die gesamte Crew freuen sich, Sie auf dem Flug nach Teheran willkommen zu heißen. Bitte legen Sie Ihren Sicherheitsgurt an und vergewissern Sie sich, dass Ihre elektronischen Geräte ausgeschaltet sind oder sich im Flugmodus befinden…«

»Monsieur Désérable? Monsieur Désérable?«

# Paris – Teheran

Zuerst hatte ich mir ein Visum besorgen müssen. Darum hatte ich mich im Voraus gekümmert, lange im Voraus, sechzig Tage vor der Abreise. Das genügt, sagte ich mir, du bist *safe* – aber das war ich nicht. Man bot mir einen Termin in sechs Monaten an. Eine Agentur mit guten Kontakten zur Botschaft war bereit, die Sache in drei Tagen zu klären. Ich müsse nur vierzig Euro auf ein Konto überweisen (Achtung, nicht den Iran im Verwendungszweck erwähnen, sonst werde die Überweisung abgelehnt), um kurzfristig einen Termin zu erhalten. Die halblegale Bestechung funktionierte: Drei Tage später stand ich in der Avenue d'Iena vor der Botschaft der Islamischen Republik.

Der Besuchereingang befand sich in der Nebenstraße. Zuerst betrat man eine Schleuse, gab das Handy ab und wählte je nach Anlass eine Nummer: Geburtsurkunde, Pass, Soziales oder Visum. Im Wartesaal saßen ungefähr zwanzig Personen, ich war der Einzige, der ein Visum beantragte. Eine Freundin hatte mir empfohlen, mich dumm zu stellen, falls man mir Fragen stellen sollte: »Demonstrationen? Was für Demonstrationen?« Ich neige dazu, die Leute, vor allem diejenigen, die Pässe stempeln, nicht unbedingt für Idioten zu halten. Wenn man mich nach meinem Beruf fragen sollte, würde ich »Schriftsteller« sagen. Also so nah am Journalisten wie ein Konditor am Bäcker. Journalisten erteilte die Islamische Republik keine Visa mehr. Sie bot ihnen Kost und Logis, aber hinter Gittern. Und wenn man mich fragen sollte, warum Iran und warum jetzt, würde ich die Wahrheit sagen, ich würde sagen, dass die Reise schon lange geplant war, und ich würde den Namen eines Zauberers der Landstraße aussprechen: Nicolas Bouvier.

Im Juni 1953 trifft sich Bouvier in Belgrad mit seinem Freund Thierry Vernet. Sie sind vierundzwanzig und sechsundzwanzig Jahre alt, sie sind in Genf aufgewachsen und haben sich zehn Jahre zuvor in der Schule kennengelernt; der eine schreibt, der andere malt; sie haben einen Fiat Topolino, zwei Jahre Zeit und Geld für vier Monate. »Unser Programm war vage, aber bei solchen Unternehmungen ist es das Wichtigste, dass man überhaupt einmal losfährt. [...] Wenn die Sehnsucht den ersten Angriffen der nüchternen Vernunft standhält, sucht man nach Gründen für sie. Und findet keine stichhaltigen. Tatsache ist, dass man nicht weiß, wie man diesen Drang nennen soll. Etwas in uns wächst und löst sich aus der Vertäuung, bis man eines schönen Tages, seiner selbst nicht sehr sicher, endgültig aufbricht.«[1]

Die beiden durchqueren den Balkan, Anatolien, den Iran, der damals schon nicht mehr Persien heißt, ma-

1  Bouvier, S. 8.

14

chen in Quetta in Pakistan halt und trennen sich anderthalb Jahre später in Kabul. Zehn Jahre nach ihrem Aufbruch veröffentlicht Bouvier einen mit Zeichnungen von Vernet illustrierten Bericht ihrer Reise: *Die Erfahrung der Welt.*

Als ich mit fünfundzwanzig Jahren Bouvier entdeckte, war das für mich eine Explosion, wie ich sie in meinem Leben als Leser selten erlebt habe. Bei Bouvier wird einem die wahre Größe der Welt und zugleich ihr Herzschlag bewusst. Es wird einem bewusst, dass sie riesig, grandios und schrecklich ist – und dass man nichts von ihr gesehen hat. Von da an kennt man kein schöneres, kein berauschenderes Wort mehr als Reise, treibt einen nur noch ein Gedanke: aufbrechen. Und bald ist es der Weg, der einen treibt, er zieht einen in seinen Bann und wirft einen drei Monate, sechs Monate, zehn Monate später zurück in das sesshafte Leben, an das man sich wieder gewöhnen muss. Die Jahre vergehen, die Jugend macht sich davon, der Rucksack verstaubt irgendwo. Eines Morgens bricht man wieder auf. Unterwegs formuliert man eine Lebensregel, von der man nicht mehr abweichen wird: Die Hälfte seiner Tage verbringt man damit, die Welt zu sehen, die andere, über sie zu schreiben.

*Die Erfahrung der Welt* war meine Bibel geworden. Das Reise-Evangelium nach Nicolas. An einem Frühlingsnachmittag traf ich im Genfer Vorort Cologny in einem weißen Haus mit grünen Fensterläden Manuel,

Bouviers jüngsten Sohn. Er erzählte mir, dass sein Vater mit der linken Hand und mit schwarzem Filzstift geschrieben und dabei Debussy gehört habe; er zeigte mir seine Globen, seine Bibliothek, sein Exemplar von *L'Usage du monde,* »diese traurige und lustige alte Geschichte«, wie die handschriftliche Widmung seines Vaters lautete. Dann gingen wir zum Grab, dem Grab des heiligen Nicolas: keine Steinplatte, ein winziges Schild (Nicolas Bouvier, 1929–1998), vier Holzlatten, die ein mit Kies gefülltes Rechteck bilden, ein Miniatur-Fiat-Topolino aus Blech, den ein Unbekannter dorthin gestellt hatte, neben einem kleinen glatten Stein, auf dem geschrieben stand: »Und jetzt lehre uns die Erfahrung des Himmels, Nicolas.« Das war am 16. Mai 2019, und ich schwor mir, dass ich ein Jahr später auf seinen Spuren reisen würde. Ich würde in den Iran fahren.

Ein Jahr später herrschte der Lockdown, wir gingen nur noch mit Maske hinaus, eine Stunde am Tag und nur aus zwingenden Gründen. Alle nicht lebensnotwendigen Geschäfte waren geschlossen, die Grenzen auch. Die des Irans öffneten sich erst im Herbst 2021 wieder. Da hatte ich gerade einen Roman veröffentlicht, das war nicht der richtige Zeitpunkt, um eine lange Reise anzutreten. Macht nichts, dann eben Ende 2022.

Ein Jahr vergeht, eine junge Iranerin aus Kurdistan besucht ihren Bruder, der in Teheran lebt. Ihr Kopftuch bedeckt ihre Haare nicht ausreichend, jedenfalls finden das zwei auf der Straße patrouillierende Schergen der

Sittenpolizei, die sie in einen Kastenwagen zerren. Als Grund geben sie an, das Mädchen sei unangemessen gekleidet. Ihr Bruder und ihr Cousin protestieren, die Männer beruhigen sie: In einer Stunde ist sie wieder da, wir wollen sie nur an die geltenden Bekleidungsvorschriften erinnern. Etwas später liegt sie im Koma und wird ins Krankenhaus gebracht. Die Behörden behaupten, man habe sie nicht angerührt, sie sei von selbst zusammengebrochen wie eine welkende Rose, das kommt ja bei zweiundzwanzigjährigen Mädchen so häufig vor. Ein Gehirnscan zeigt einen Schädelbruch, einen Bluterguss, ein Ödem – alles lässt vermuten, dass ihr Kopf von wiederholten, harten Schlägen getroffen wurde. Die Aussagen ihrer Mitgefangenen sind eindeutig: In dem Kastenwagen haben die Männer sie beschimpft und auf der Wache so brutal verprügelt, dass sie das Bewusstsein verloren hat. Einige Tage später wird die Beisetzung der jungen Frau in Saqqez, im iranischen Kurdistan, zum Anlass für eine Demonstration, die von der Polizei aufgelöst wird. Doch der Name Mahsa Amini geht von Mund zu Mund, bald flüstert ihn das ganze Land, bald ruft man ihn aus voller Kehle auf den Straßen, den Plätzen, in den Universitäten von Teheran, Isfahan, Mahabad und Täbris. Und man erlebt Szenen, die man nie für möglich gehalten hätte. In Schiras steht eine junge Frau auf einem Autodach, den Hidschab in der Hand, und ruft: »Tod dem Diktator!«; in Kerman verbrennen Studentinnen ihre Kopftücher und tanzen

um das Feuer; in einer Schule in Teheran strecken Schü-
lerinnen mit bloßem Kopf dem Foto von Ajatollah
Khamenei den Mittelfinger entgegen; überall im Iran
sieht man Frauen mit wehendem Haar und mit einem
Stein in der Hand, bereit, das Regime herauszufordern.
Doch das Regime lässt den Zorn nicht unbestraft. Acht
Wochen nach dem Beginn des Aufstands zählt man die
Toten: dreihundertvierzehn, darunter siebenundvierzig
Kinder. In Kaswin schneidet sich die Schwester von
Javad Heydari über dem Grab ihres Bruders die Haare
ab; in Kermanschah steht Roya Piraie aufrecht, mit har-
tem, unversöhnlichem Blick und rasiertem Kopf, ihr
rotes Haar in der Hand, vor dem Grab ihrer Mutter.
Und dann füllen sich die Gefängnisse. In kaum sechzig
Tagen werden vierzehntausend Iranerinnen und Iraner
in die Kerker der Islamischen Republik geworfen – und
etwa vierzig Ausländer. Ein Spanier, der zu Fuß zur
Fußballweltmeisterschaft in Katar wandert und unterwegs das Grab von Mahsa Amini besucht: im Gefängnis. Eine Italienerin, die auf Instagram erklärt, sie sei
beeindruckt vom Mut des iranischen Volkes: im Gefängnis.

In meinem Flugzeug nach Teheran bekam ich es mit
der Angst zu tun. Abgesehen von der Crew war ich der
einzige Ausländer. Ich hatte keine Ahnung, was mich
bei meiner Ankunft erwarten würde. Zwar hatte ich das
Visum schließlich erhalten, aber die Wahrscheinlich-

keit, dass man mich bei der Einreise zurückwies, war ziemlich groß, und ich sah mich schon wieder im nächsten Flugzeug nach Paris. Ich versuchte, nicht daran zu denken. Obwohl ich sonst im Flugzeug kein Auge zumachen kann, wachte ich erst zwanzig Minuten vor der Landung auf. Links neben mir stellte ein Mann seine Uhr: In Teheran ist es zweieinhalb Stunden später. Rechts von mir band sich eine Frau ihr Kopftuch um: Wir hatten den iranischen Luftraum erreicht.

Auf dem Flughafen Imam-Khomeini war am Schalter *Foreign passports* niemand zu sehen. Wozu auch? Es kamen keine Ausländer mehr in den Iran. Dem Zöllner, einem mürrischen, apathischen Mann, hing eine Stoffmaske unter dem Kinn. Er blätterte kurz in meinem Pass und warf einen flüchtigen Blick auf mein Visum. Ebenso gleichgültig gegenüber den Mikroben wie dem Franzosen vor seiner Nase stempelte er ein loses Blatt. Willkommen in Teheran.

An der Rezeption des Hostels empfing mich eine junge Frau mit widerspenstigem Hidschab, der ihr Haar nur zur Hälfte bedeckte. Sie kopierte meinen Pass und gab mir einen Zimmerschlüssel. Ich brachte die Tasche hinauf und packte aus. Ich hatte Hunger.

*Wer schläft, isst,* stand im Mittelalter an den Herbergen, die sich das Recht vorbehielten, Reisenden das Nachtlager zu verwehren, wenn sie nicht dort essen wollten. Ich hätte sehr gern gegessen. Ich hatte Kohldampf, ich hätte den ganzen Iran verschlingen können und Kuweit zum Nachtisch, aber viel Glück, mein Junge, wenn du kurz vor Mitternacht noch ein offenes Lokal finden willst. Ich ging zur Küche: nichts, nicht mal ein Topf zum Auskratzen. In der Eingangshalle, die auch als Speisesaal diente, verputzte ein junger Mann, höchstens fünfundzwanzig, einen Teller Spaghetti Bolognese. Hatte er gesehen, dass ich nach seinem Teller schielte? Er hatte noch nicht einmal die Hälfte gegessen und bot mir den Rest an. Ich lehnte ab, er bestand darauf. Was mein ist, ist auch dein, sagte er. Er hieß Saeid.

Saeid teilte nicht nur sein Mahl mit mir, er war auch von unersättlicher Neugier: aus welchem Land ich käme, warum ich im Iran sei, welche Städte ich besuchen würde, wie lange ich dort bleiben wolle. Darin erkannte ich eine Herzens- und Geisteshaltung, wie man sie den Iranern nachsagt, die als aufmerksame Gastgeber immer alles über zu Besuch kommende Ausländer wissen wollen. Dann wurde das Gespräch politisch. Ob ich von Mahsa Amini gehört hätte? Und die Demonstrationen, wisse ich etwas über die Demonstrationen? Was hielten die Franzosen davon? Er sei auf der Straße gewesen und werde es wieder tun: Dieses Regime müsse fallen, um jeden Preis. Während Saeid mich kennenlernte, warf mir die junge Frau an der Rezeption, die mir den Zimmerschlüssel gegeben hatte, erst flüchtige, dann immer eindringlichere Blicke zu, bis es mir fast unangenehm wurde; ich fühlte mich *beobachtet.* Mein bisschen Lebenserfahrung, gepaart mit meinem Wissen über die Liebe und die Mechanismen der Verführung, ließ mir keine Zweifel: Ich gefiel ihr. Man musste nur ihre Körpersprache deuten, das Rot, das ihr in die Wangen stieg, die Blicke, die vertraulich sein sollten, ihre konfusen, nicht zu deutenden Gesten, die ungeschickten Versuche, meine Aufmerksamkeit auf sich zu ziehen – ein Stift, den sie absichtlich fallen ließ –, und ihre Art, jeden Vorwand zu nutzen, um zu unserem Tisch zu kommen, zuerst, um ihn abzuwischen, dann, um zu fragen, ob alles in Ordnung sei, ob wir noch etwas wollten, eine Flasche Wasser, eine Cola, irgendwas? Kein Zweifel: Sie hatte sich in mich verliebt, es hatte sie getroffen wie ein Blitz, anders konnte man es nicht sagen. Die Bestätigung erhielt ich, als sie einen kurzen Moment ausnutzte, in dem ich allein war, weil mein Gesprächspartner pinkeln musste, um zu mir zu stürzen und mir einen zusammengefalteten Zettel in die Hand zu drücken, auf dem sie mir gewiss mit zitternder Hand und einer Kühnheit, die sie selbst überraschte, einer Schamlosigkeit, die sie nicht von sich kannte, ihre Leidenschaft erklärte. Saeid kam zurück und sie ging sofort wieder zur Rezeption, an ihren Computer, wo sie mir jetzt den Rücken zukehrte, plötzlich ganz in ihren Bildschirm vertieft. Gleichgültigkeit spielen: noch so eine bewährte Verführungstechnik. Saeid nahm das Gespräch da auf, wo wir es unterbrochen hatten. Er wollte wissen, was ich von den Mullahs dächte, ob ich auch vorhätte zu demonstrieren, gegebenenfalls könne er mir Kontakte vermitteln und so weiter. Sein Telefon vibrierte. Er entschuldigte sich und las die Nachricht; ich entfaltete inzwischen das Briefchen und erfuhr endlich, was die junge Frau mir geschrieben hatte:

*Beware! This guy: maybe government agent!*

## Teheran – Im Hostel

Wir waren nicht viele Europäer in dem Hostel. Die EU-Staaten hatten ihren Bürgern so nachdrücklich davon abgeraten, in die Islamische Republik zu reisen, dass ich in sieben, acht Tagen in Teheran nur einen einzigen getroffen habe. Marek, zweiundzwanzig, Deutscher, strubbeliges blondes Haar, auseinanderstehende Zähne und verschreckte blaue Augen, in denen die Verblüffung darüber stand, dass er hier war und was ihm das Leben für Streiche spielte. Drei Monate zuvor hatte ihm seine Angetraute während der Hochzeitsreise in der Obstabteilung eines Supermarkts am Taksim-Platz in Istanbul mitgeteilt, sie liebe einen anderen – es tue ihr leid, sie werde nach München zurückkehren. Marek hatte die Wassermelone fallen lassen, die er in der Hand hielt. Er hatte *Werther* und die deutschen Romantiker gelesen: Er war entschlossen, sich in den Bosporus zu werfen. Zwei Tage lang verfolgte er die Idee, dann gab er sie auf. Er konnte keine Melone mehr sehen, ohne zu weinen, na und? Kein Grund, sich umzubringen. Seine frischgebackene Ehefrau hatte das Feingefühl besessen, ihm neben seiner Freiheit auch den Ehering zurückzugeben. Er verscherbelte ihn an einen Juwelier auf dem Basar und kaufte sich ein Fahrrad. In Tagesetappen von fünfzig Kilometern wollte er Asien bis zum Land der Tamilen an der Südspitze Indiens durchfahren. »Der kürzeste Weg zu sich selbst führt um die Welt herum«, hatte sein Landsmann Keyserling geschrieben.[1] Mit jedem Kilometer ließ Mareks Kummer nach: Wenn die Beine schmerzen, tut das Herz weniger weh.

Nicht viele Europäer, aber viele Iraner, ein paar Pakistaner und sieben Afghanen, die per Bus aus Kabul gekommen waren. Sie waren immer zusammen und hielten sich scheu, misstrauisch, furchtsam abseits. Der Ausdruck *aneinanderkleben* ist vielleicht etwas abgenutzt, aber nie schien er mir so passend. Jeden Morgen sah ich sie gemeinsam frühstücken, dann belagerten sie ebenfalls gemeinsam die Botschaft Mexikos. Dort nahm man es nicht so genau, irgendwann würden die Afgha-

---

1  Graf Hermann Keyserling, *Das Reisetagebuch eines Philosophen*, Duncker & Humblot, München/Leipzig 1919 (neueste Auflage: Reichl, St. Goar 2009).

nen ihr Visum bekommen. Um die Form zu wahren, ließen die Mexikaner sie noch etwas zappeln, aber sie wussten ja, dass ihr Land nur eine Zwischenstation war. Danach war's das Problem der Gringos.

Und dann gab es noch einen achten Afghanen, der sich von ihnen absonderte. Er sprach Englisch, das hatte er in Fayetteville, Arkansas, gelernt, wo er dank eines Stipendiums hatte studieren können. In Kabul aufwachsen, von New York träumen und sich dann im *Bible Belt* wiederfinden, das ist, als sehnte man sich nach Paris und strandete in der Auvergne, nur ohne Vulkane, dafür mit *Rednecks*. Zwei Jahre war er dort gewesen, aber er erinnerte sich nur noch an die Walmarts. Habib war gesprächig, liebenswürdig, muskulös. Dreißig Jahre, Arme wie meine Schenkel, Schenkel wie mein Rumpf. Bodybuilder war nicht sein Beruf, nur ein Hobby, das er jedoch sehr ernst nahm: Täglich drei Stunden Gewichte stemmen, jeden Abend Wachstumshormonspritzen und zum Frühstück zwölf – zwölf! – Eier, von denen er nur das Eiweiß aß (das Eigelb sei zu fett, ob ich vielleicht davon wolle?).

In Kabul war er Beamter gewesen und hatte eine gute Stellung, aber dann kamen die Taliban. Afghanistan? Er machte sich keine Illusionen: Das Land war im Eimer. Der Beweis? Für viele Afghanen war der Iran das Paradies. Das lässt tief blicken. Als Habib klar wurde, dass die Taliban bleiben würden, verzog er sich nach

Teheran, wo er jetzt auf ein Visum für Australien wartete. Aus Aberglauben behauptete er jedoch vor den anderen, er wolle nach Berlin. Deutschland! Darüber freute sich ein indischer Ingenieur, der im selben Schlafsaal übernachtete. Er war seit kurzem in Rente, hatte weder Frau noch Kinder und keine Haare mehr – sie schienen in seinen Schnurrbart abgewandert zu sein –, ein bisschen gespartes Geld und nicht viel zu erwarten von einem Leben ohne Arbeit. Deshalb hatte Dhananjay beschlossen, das Weite zu suchen. Erst der Iran, später würden die Türkei, Bulgarien und schließlich Griechenland folgen, wo er seinen Lebensabend verbringen wollte. Er träumte von einer kleinen Insel mit einem Namen auf -os, einem weißen Haus mit blauem Dach und Blick aufs Meer, davon, morgens zu angeln, den Fang auf der Terrasse zu grillen und Erinnerungen vorbeiziehen zu lassen, die vor lauter Wiederholen allmählich verblassen und sich auflösen. Vor vierzig Jahren hatte er ein Semester lang am Goethe-Institut in Mumbai einen Deutschkurs besucht. Habib wolle nach Deutschland? Dann müsse er Deutsch lernen. Dhananjay setzte es sich in den Kopf, ihn zu unterrichten. Seine Augen leuchteten, der Afghane wollte nicht so gemein sein, die wohlwollende Begeisterung abzukühlen, und traute sich nicht, ihm sein eigentliches Ziel zu verraten. Also ließ er sich von dem alten Inder jeden Morgen eine Stunde lang die Rudimente des Deutschen beibringen, die dieser noch behalten hatte. Besser noch: Habib gab sich richtig Mühe, füllte sein Heft – *ich bin, du bist, er ist* usw. –, und Tag für Tag steigerten die Fortschritte des Schülers den Stolz des Lehrers. Die Kanne stand auf dem Samowar bereit, der Tee dampfte in den Gläsern; Habib und Dhananjay waren eifrig am Werk und ich hörte sie ein Kinderlied trällern: *Grün, grün, grün sind alle meine Kleider…*

Über dieses Reich mit den durchziehenden Untertanen herrschte Sheyda. Man musste sie nicht nach ihrer Meinung fragen, sie zeigte sie offen: langes, braunes, unverschleiertes Haar. Seit sie den Hidschab abgelegt hatte, beschimpfte ihr Onkel sie als *dokhtare sabok,* »leichtes Mädchen«. Die Bezeichnung war mir vertraut. Ein paar Monate zuvor hatte ich Suzanne kennengelernt, eine Französin mit iranischen Eltern, Anwältin und Autorin eines Romans über das Land ihrer Vorfahren.[1] Auf Farsi gibt es ein ganzes Wortfeld, um eine freie Frau herabzusetzen, hatte sie mir erklärt: »Eine Frau, die mit jedem Mann schläft, nennen die Iraner *kharab.* Abgenutzt. Mangelhaft. Ein kaputtes Spielzeug ist *kharab.* Eine verfaulte Frucht ist *kharab.* Schlecht geworden. Nicht zum Verzehr geeignet. Was *kharab* ist, wird man los, wirft man weg. Das größte Kompliment, auf das ein Mädchen hoffen kann, ist, dass man über sie sagt: *aftab*

1  Suzanne Azmayesh, *L'Interrogatoire,* Editions Léo Scheer, Paris 2022.

*mahtab nadidatesh,* weder die Strahlen der Sonne noch die des Mondes haben sie je gesehen. So eine kann man heiraten – wenn sie unter dreißig ist. Dreißig ist das schicksalhafte Alter, die Altersguillotine. Danach wird sie *torshideh.* Torshideh ist die saure Milch, wenn sie umgekippt ist, der zweifelhafte Geruch einer verdorbenen Speise.« Sheyda war neunundzwanzig, kein Mann, keine Absicht, einen zu suchen. Männer waren *nicht ihr Ding,* eine Andeutung, dass sie Frauen vorzog, was ziemlich blöd ist, wenn man in einem Land lebt, wo Homosexualität als Verbrechen gilt, wo »zwei Frauen, die ohne jede Notwendigkeit nackt aufeinanderliegen und nicht durch familiäre Bande verbunden sind«, mit hundert Peitschenhieben und bei der dritten Wiederholung sogar mit dem Tod bestraft werden. Dass man von ihr sagte, sie sei *torshideh,* scherte Sheyda so wenig wie ihr erstes Kopftuch: Verdorben war vielmehr das Regime.

Apropos Regime, da sind wir wieder bei Saeid. Fünf Tage war er hier, niemand wusste, wer er ist, niemand wusste, was er macht, er behauptete, Student zu sein – wo? in welchem Fach? Wenn man nachfragte, wich er aus. Man wusste nur, dass er Iraner war, dass er ein Bett im Schlafsaal genommen hatte, das Hostel praktisch nie verließ, gern seine Spaghetti Bolognese teilte und sich mit unermüdlichem Eifer nach einem erkundigte. Er verbrachte die Zeit am Telefon, in der Küche und im Hof, oder er saß auf der Bank im Speisesaal, lauschte hier und da den Gesprächen, registrierte das Kommen und Gehen jedes Einzelnen, stellte allen Fragen. Für Sheyda nicht der geringste Zweifel: Dass er sich getraut hatte, schlecht über den Obersten Führer und die Mullahs, die Islamische Republik und den ganzen Misthaufen zu sprechen, war nur, um das Vertrauen unvorsichtiger Schwätzer zu gewinnen. Nein, überhaupt kein Zweifel, der Kerl gehörte zur Bassidsch. Hüte dich vor ihm, warnte mich Sheyda: Das ist ein Spitzel. Ein elender Spitzel.

## Teheran – Auf der Straße

Die meisten Artikel über die Aufstände nach dem Tod von Mahsa Amini hoben hervor, dass die Angst »das Lager gewechselt« habe. Was für ein Irrtum! Vielleicht hatte sie auch das andere Lager, also das Mullah-Regime erreicht, vielleicht wurde sogar Ajatollah Khamenei von Angst gepackt, wenn es Nacht wurde und er in seinem Bett lag, während die Straßen des Landes brodelten, aber man kann sagen, was man will, die Angst hatte die Aufständischen nicht verlassen.

Seit dreiundvierzig Jahren und sogar länger war die Angst für das iranische Volk eine ständige Gefährtin, die treue Begleiterin ihres Lebens. Die Iraner lebten mit dem pelzigen Geschmack der Angst im Mund. Doch seit dem Tod von Mahsa Amini unterdrückten sie diese Angst: Sie trat hinter den Mut zurück.

Hinter den Mut, gegen ein Regime Krieg zu führen, das sie verabscheuten. Denn es *war* ein Krieg. Ein asymmetrischer Abnutzungskrieg: auf einer Seite diejenigen mit Schlagstöcken, Tränengas, Schilden, Sturmgewehren, die willkürlich verhafteten, im Schnellverfahren richteten und die Todesurteile im Morgengrauen vollstreckten, und auf der anderen all jene, die nichts als ihre Stimme hatten. Wie macht man Revolution, wenn man nichts als seine Stimme hat? Man geht auf die Straße. Zuerst fragt man sich, *wo* man demonstrieren soll. Es gibt keine offiziellen Anweisungen, keine festgelegten Routen, keine Anmeldung vorab bei der Präfektur. Man muss einen Ort mit genug Menschen finden, damit man gehört wird, und mit genug Straßen, damit man abhauen kann, wenn man abhauen muss. Neben dem Basar zum Beispiel. Man kommt zum Basar, sagen wir, an einem Donnerstag, das ist der erste Tag des Wochenendes. Andere Demonstranten sind auch da, sie haben sich auf Telegram verabredet. Oder an einer Mauer »Donnerstag beim Basar« gelesen. Oder sie haben sich, wie man selbst, gesagt: Gehen wir mal zum Basar und sehen, was los ist.

Man ist also beim Basar, und wie jeden Tag (außer am Freitag, dem Tag des großen Gebets) wimmelt es von Menschen. Wie erkennt man unter so vielen Gesichtern diejenigen, die gegen das Regime sind? Man muss nur die Augen aufmachen, alle oder fast alle im Iran sind gegen das Regime. Aber wie erkennt man auf einen Blick diejenigen, die bereit sind, es laut und deutlich zu äußern? Am besten senkt man die Augen und schaut auf die Füße: Wer Turnschuhe anhat, rechnet vielleicht damit, dass er rennen muss. Erstes Zeichen. Ein kleiner Rucksack? Zweites Zeichen. Darin sind bestimmt Masken und mit Essig oder Zitrone durchtränkte Taschentücher, die die Wirkung von Tränengas abschwächen. Und bei den Frauen erkennt man es natürlich am Kopftuch. Bei denen, die keins tragen, weiß man, zu welcher Seite sie gehören. Also bildet man mit zwei, drei Freunden eine kleine Gruppe und sieht da drüben eine andere kleine Gruppe. Man geht hinüber, wechselt prüfende Blicke, bis jemand zu rufen beginnt: »Frau, Leben, Freiheit!« oder »Nieder mit dem Diktator!« oder »Khamenei Mörder!«. Manchmal kommt kein Echo, und nach kaum einer Minute herrscht wieder Stille oder besser gesagt das allgegenwärtige Hintergrundgeräusch der Straße, der ununterbrochene Lärm des Handels. Diejenigen, die nicht gerufen haben, sehen sich an oder senken den Blick, starren verstört, furchtsam auf ihre Schuhe, schämen sich, ihren Vorrat an Mut verbraucht zu haben. Sie sollten sich nicht schämen. Ihr Schweigen ist weder Gleichgültigkeit gegenüber den Demonstranten noch Zustimmung für das

Regime: Es ist Angst. Und die Angst lähmt. Die Angst ist die sicherste Waffe der Macht. Aber wie gesagt: Seit kurzem war die Angst hinter den Mut zurückgetreten. Immer öfter gesellte sich zu der kleinen Gruppe, die zu rufen begann, eine andere kleine Gruppe, dann eine weitere und noch eine, und schon war es eine Ansammlung. Die Ansammlung zog noch mehr Männer, noch mehr Frauen an, die ihre Wut herausschrien, und bald war es keine Ansammlung mehr: Es war eine Menge. Wenn sich das Phänomen von Stadt zu Stadt wiederholt, wird die Menge das Volk. So entstehen Revolutionen, wenn man nichts als seine Stimme hat.

Jeder hatte seine Art, sich gegen das Regime aufzulehnen. Die einen schrieben Parolen an die Hauswände, rissen die Plakate des Obersten Führers ab und demonstrierten auf den Straßen. Andere unterstützten die Demonstranten, ohne zu demonstrieren, wie die Frau mit Kopftuch, die ich mit drei Bügeleisen in einer Tasche vom Basar kommen sah: Jedes Mal, wenn ein Agent des Regimes unter ihrem Fenster jemanden verfolgte, fiel doch tatsächlich völlig unverständlicherweise ihr Bügeleisen vom Balkon. Es gab auch die Händler, die den Generalstreik ausriefen und ihre Eisengitter runterließen; Internet-User, die unter Umgehung der Zensur Fotos und Videos posteten, mit denen sie die Islamische Republik entlarvten; und dann natürlich und vor allem all die Frauen, die mit offenem Haar durch die Straßen gingen.

Die erste Frau ohne Hidschab sah ich vor dem Wirtschafts- und Finanzministerium. Die zweite vor dem Gerichtsgebäude. Die dritte picknickte auf dem Rasen des Parks Panzdah-e Khordad, die vierte ging durch eine Straße ganz in der Nähe, dann sah ich zwei, die sich vor dem Eingang zum Basar eine Pizza teilten. Eine Frau begutachtete ihre Frisur im Schaufenster eines Schmuckgeschäfts. Nach der zwölften habe ich aufgehört zu zählen. Fast immer waren es junge Frauen, fast immer Studentinnen oder in deren Alter: Anfang November 2022 ging in Teheran die Hälfte der Frauen unter dreißig ohne Kopftuch auf die Straße. Einige ersetzten es durch eine Mütze, ein Basecap, einen Schal, der die Haarspitzen bedeckte; aber die meisten trugen nichts. Die Agenten der Sittenpolizei blieben unsichtbar, das Ausmaß und die Dauer der Bewegung wuchsen ihnen über den Kopf, sie schienen den Kampf aufgegeben zu haben. Und die Frauen, die das Kopftuch abnahmen, blieben nicht allein: Viele Männer ermutigten sie mit einem Victory-Zeichen, Frauen mit Hidschab schenkten ihnen ein Lächeln, als dankten sie für den Mut, den sie selbst noch nicht aufbrachten.

*

Bevor man in der Islamischen Republik mit einem Unbekannten über Politik spricht, ergreift man besser die üblichen Vorsichtsmaßnahmen. Zuerst mustert man seinen Gesprächspartner, fängt ganz vorsichtig an, mit

Andeutungen, Anspielungen, Zweideutigkeiten. Bis einer von beiden schließlich das Eis bricht:

»Dieser verdammte Khamenei!«

Dann kann man richtig reden.

Niloofar war vorsichtig. Bevor sie sich in Verwünschungen gegen die Handlanger des Regimes erging, hatte sie sich erst mal versichert, dass ich keiner von ihnen war. Schließlich konnte ich auch ein als Tourist getarnter Milizsoldat sein, zu den Bassidschis gehören. Wie viele gab es? Hunderttausende, mehrere Millionen, niemand wusste es, es gab keine offizielle Zahl. Wer waren sie? Jeder konnte einer sein: der Bäcker, der einem jeden Morgen das Fladenbrot verkaufte, der Kellner des Stammlokals, der Taxifahrer, der Lebensmittelhändler, der Bankangestellte, der Wohnungsnachbar, ja sogar der nette junge Typ, der einem seine Spaghetti Bolognese anbot. Sie trugen keine Uniform. Kein Namensschild. Kein Emblem. Aber sie hatten Motorräder, Schlagstöcke, Messer, und es genügte ein Anruf, eine Nachricht, ein Befehl von oben, und schon tauchten sie auf.

Die Bassidsch wurde Ende 1979 von Khomeini gegründet. Er wollte die Islamische Republik mit jungen Freiwilligen und potenziellen Märtyrern stärken. Meist waren es zwölf- bis zwanzigjährige Jungen, die auf dem Land und in den Armenvierteln rekrutiert wurden und für die es eine verlockende Aussicht war, sich ihren Platz im Paradies zu verdienen, indem sie gegen Saddams Irak kämpften. Neun Jahre später war der Krieg zu Ende. Khomeinis Nachfolger Khamenei machte aus der Bassidsch eine Miliz, die der Revolutionsgarde unterstand, der berüchtigten Pasdaran, der Prätorianergarde des Regimes. Der Job der Bassidschis bestand darin, die Sünde zu unterbinden und die Tugend zu fördern; ganz konkret: die Aufstände und Unruhen zu ersticken und die Bürger zu überwachen.

»Bist du auch bestimmt keiner von denen?«, fragte mich Niloofar.

»Wie kommst du darauf, dass ich einer sein könnte?«

»Ihr Farsi ist so miserabel wie deins.«

Sie seufzte und entschuldigte sich: Ihr Vater rief an, sie musste rangehen. Fünfmal am Tag. Zwei Minuten, nicht länger, nur um sich zu vergewissern, dass alles in Ordnung war. Ihre Eltern lebten im Süden des Landes; dass ihre einzige Tochter in Teheran war, schlimmer noch, dass sie Studentin in Teheran war, schlimmer noch, dass sie zu einer Zeit Studentin in Teheran war, da die Studentinnen in Teheran im Gefängnis landen konnten, brachte sie um vor Sorge. Weil Niloofar sie nicht noch mehr beunruhigen wollte, erzählte sie ihnen, sie halte sich von »alldem« fern. Von *alldem:* den Sit-ins in der Universität, den Demonstrationen auf der Straße, den Plakaten an den Platanen: »Dieser Baum ist für das Aufhängen eines Mullahs reserviert.« In Wahrheit stand sie in der ersten Reihe, mit aufgepflanztem Bajonett und Messer zwischen den Zähnen, bereit, den bärtigen

Turbanträgern die Eier abzuschneiden, die sich anmaßten, den Körper der Frauen zu unterwerfen.

Das Ziel: das Regime zu stürzen. Nicht die Regierung, das Regime. Denn das Regime war nicht reformierbar, seine DNA war verdorben. Ob ich schon einmal von der *Velayat-e faqih* gehört hätte? Von der Souveränität des Dogmas, dem Primat des Religiösen über das Politische. Ein Albtraum für Laizisten. Und ein theologisches Prinzip, auf dessen Grundlage der Oberste Führer die Macht ausübte, solange man auf das Wiedererscheinen des zwölften Imam wartete. Anders gesagt: auf den Sankt-Nimmerleins-Tag. Eine Idee von Ajatollah Khomeini, dem Gründervater der Islamischen Republik, die es Ajatollah Khamenei (seinem Nachfolger – gleicher Bart, gleicher Turban und quasi gleicher Name, also wirklich genug, um sie zu verwechseln) erlaubte, praktisch über alle Macht zu verfügen. Und der Präsident der Republik? Gute Frage. Ja, die Islamische Republik hatte tatsächlich einen nach allgemeinem Wahlrecht gewählten Präsidenten – ein großes, ultrakonservatives Arschloch, wie Niloofar sagte –, aber die Kandidaten waren zuvor durch den Wächterrat ausgewählt worden. Und wer ernannte die Hälfte der Mitglieder des Wächterrats? Der Oberste Führer. Dasselbe beim Parlament. Verdorbene DNA. Dieses Mullah-Regime war bereits tot. Man konnte es nur noch begraben. Niloofar kümmerte sich darum.

Sie war von sich aus auf mich zugekommen. Ich lief

an einem Spätnachmittag durch die Straßen, in der Nähe des Enghelab-Platzes – auf Deutsch: Platz der Revolution.

In welchem Land auch immer, in welcher Epoche auch immer: Die Plätze der Großstädte ändern ihre Namen mit der Änderung des Regimes. In Paris hieß die Place Louis XV nach Abschaffung der Monarchie »Place de la Révolution«, unter dem Konsulat »Place de la Concorde«, unter Charles X wurde sie zur »Place Louis XVI«... In Teheran trug der Enghelab-Platz vor der Islamischen Revolution den Namen »Schah-Reza-Platz« – es bleibt abzuwarten, welchen Namen er nach dem Sturz des Regimes annehmen wird.

Platz der Buchhändler, schlug Niloofar vor.

In Teheran gibt es eine Straße, in der man ausschließlich Autoreifenverkäufer findet, in einer anderen nur Geschäfte für Musikinstrumente, in wieder einer anderen nichts als Eisenwaren und auf der anderen Straßenseite nur Fischhändler... Und so ist es auch überall sonst im Iran, wo man jeweils in der Nachbarschaft miteinander konkurriert; ein Vorteil für den Kunden, der Preise vergleichen kann, ohne durch die ganze Stadt zu rennen. Am Enghelab-Platz gab es nur Buchhändler. Manche breiteten ihre Ware direkt auf dem Bürgersteig aus, wo man alles fand – wirklich alles: Zeitlose Meisterwerke *(Stolz und Vorurteil, Schuld und Sühne)* trafen sich mit *Der Alchimist* und dem *Da Vinci Code. Anna Karenina* lag neben *Madame Bovary,* Biografien von Diktatoren (Saddam Hussein, Gaddafi, Stalin) mischten sich mit den großen Klassikern der russischen Literatur, die an ihrem Bart erkennbar waren: Turgenjew, weiß und kurz, Tolstoi, weiß und lang, Dostojewski, schütter. In der Abteilung Gesichtsbehaarung entdeckte man auch Gogols schmalen Oberlippenbart, den dichten, üppigen, gallischen, in einem Wort nietzscheanischen von Nietzsche und dann den kleinen lächerlichen, kümmerlichen Schnurrbart von Adolf Hitler auf dem Umschlag von *Mein Kampf,* all das unter dem unerschrockenen Blick von Papa Hugo mit seinem weißen Vollbart auf der persischen Ausgabe der *Elenden.*

Niloofar hatte sie nie gelesen, sie wollte wissen, worum es darin ging.

»Um ein Gastwirtsehepaar, das die Tochter einer unverheirateten Mutter ausbeutet, der ein von einem unbeugsamen Polizisten verfolgter Ex-Sträfling auf der Suche nach Erlösung versprochen hat, sie … Aber weißt du was? Das Beste ist immer noch, es zu lesen.«

Ich kaufte *Die Elenden* und schenkte sie Niloofar.

Sie hatte keine Angst vor dem Tod: Alles hört mit einem Mal auf, die Erinnerung löst sich auf, und weinen werden die anderen. Tränengas, Schläge mit dem Gummiknüppel – das war das Richtige für sie. Tränende Augen, Wunden, Blutergüsse: alles Auszeichnungen, die einem das Regime ans Revers heftete. *Ein bisschen* verletzt zu sein, war nicht schlimm; schlimm war, es ein *bisschen sehr* zu sein, denn man wurde sogar im Spitalbett verhaftet. Und wenn es eins gab, vor dem Niloofar Angst hatte – und nicht nur Niloofar, alle, die im Iran lebten –, war es, ins Gefängnis geworfen zu werden.

Das bekannteste, »das berüchtigte Evin-Gefängnis«, wie es in der Presse häufig genannt wird, war noch unter dem Schah eingeweiht worden. Eine Stadt in der Stadt, im Norden von Teheran, gebaut, um dreitausend Gefangene aufzunehmen, in dem heute aber etwa fünfzehntausend sitzen, also doppelt so viele wie in Fleury-Mérogis, Fresnes und Santé *zusammen.* Es gibt getrennte Trakte für Männer und Frauen, es gibt einen Hof für die Freistunde, einen anderen für Hinrichtungen. Und den berüchtigten Trakt 209 mit seinen Einzelzellen von einem Meter auf einen Meter achtzig, der den politischen Häftlingen vorbehalten ist. Dort sitzen Journalisten, Künstler, Filmemacher, Dichter, Denker und so viele Studenten, dass die Iraner ihn Universität Evin nennen. Eine Universität mit einem einzigen Fach: Folter.

Seit den Anfängen der Islamischen Republik ist sie eine gut etablierte Tradition, übernommen vom Savak, der politischen Polizei von Schah Mohammad Reza Pahlavi, der sie von der seines Vaters geerbt hatte, der wiederum... Man könnte so bis ins Jahr 1387 zurückgehen, als Tamerlan vierzigtausend Köpfe abschlagen ließ, um die Einnahme von Isfahan zu feiern.[1] Im Iran haben alle Regime Folter praktiziert, aber jedes auf seine Weise. Die Spezialität des Savak bestand zum Beispiel in der »Bratpfanne«, einem elektrisch erhitzten Eisentisch, auf dem man die Gefangenen festband. In der Islamischen Republik gibt es die traditionellen Prügel, das lang anhaltende Aufhängen an den Füßen, die gebrochenen Finger, die ausgerissenen Nägel, das Verweigern von Wasser, Nahrung und medizinischer Hilfe, Elektroschocks und Scheinhinrichtungen – die Spezialität des Hauses aber ist die Einzelhaft in einer winzigen Zelle mit einer gleißend hellen Neonlampe an der Decke, direkt über den Augen, die Tag und Nacht eingeschaltet bleibt: Das nennen sie weiße Folter. Und dann gibt es natürlich die Vergewaltigungen. Man erzählt von jungen Frauen, die flehen, man möge ihnen die Pille geben: Sie wollen nicht auch noch von ihren Peinigern schwanger werden. Man erzählt auch von jungen Frauen, die, kaum aus dem Gefängnis entlassen, Selbstmord begehen oder keinen Fuß mehr vor die Tür zu setzen wagen: Es kommt nämlich vor, dass die Vergewaltigungen gefilmt werden, und dann sollten die Opfer besser vorsichtig sein, ansonsten könnten die Videos durchaus im Internet auftauchen. Das alles kann

---

1  »Achtundzwanzig Pyramiden von je tausendfünfhundert Schädeln«, berichtet ein Augenzeuge.

geschehen – geschieht –, wenn man in der Islamischen Republik zum politischen Gefangenen wird. Wenn man verhaftet wird, stellt sich sofort die von dem römischen Dichter Juvenal formulierte Frage: *Quis custodiet ipsos custodes?* – »Wer aber bewacht die Wächter?«

Und dann gibt es die Gerichtsverfahren. Ja, reden wir doch über die Justiz. Um sie zu beschreiben, erzählt man am besten den Witz, den man überall im Lande hört: Ein Afghane, der gerade auf dem Flughafen von Teheran gelandet ist, stellt sich dem Zollbeamten als der ehemalige Meeres- und Hafenminister vor. Der iranische Beamte wundert sich: »Wie können Sie ehemaliger Meeres- und Hafenminister sein? In Afghanistan gibt es weder ein Meer noch Häfen!« Antwort des Afghanen: »Na und? Haben Sie nicht einen Justizminister im Iran?«

In der Islamischen Republik ist der Oberste Führer der Vertreter Gottes auf Erden, er erhält seine Macht von Gott selbst. Das Religiöse steht über dem Politischen: Damit sind alle Anforderungen einer Theokratie erfüllt. Eigentlich ist die Islamische Republik eine Kleptokratie und zugleich eine Thanatokratie, eine *Klepthanatokratie,* das heißt ein korrumpiertes Regime, das sich die Schätze eines Landes aneignet und sich an der Macht hält, indem es durch Tod und die Angst vor dem Tod regiert. Die Methode ist immer dieselbe: Man nimmt Sie fest, man sperrt Sie ein, foltert Sie und presst Ihnen Geständnisse ab, aufgrund derer man Sie wegen

»Feindschaft zu Gott« oder »Verdorbenheit auf Erden« – Anklagepunkte, die ausreichend vage sind, um hineinzupacken, was man will – vor ein Revolutionstribunal stellt und zum Tode verurteilt. Die Verhandlung läuft hinter verschlossenen Türen ab, ohne Anwalt und vor Marionettenrichtern, deren Urteil nach ein paar Minuten gesprochen wird, doch um dem Verfahren einen rechtlichen Anschein zu verleihen, dürfen Sie Berufung einlegen. Das Berufungsurteil durch den Obersten Gerichtshof wird einen Monat später gefällt – wunderbare Schnelligkeit der iranischen Justiz –, und es ist dasselbe: Todesstrafe.

Aber »hinter jedem, der stirbt, stehen tausend andere auf«. Der Satz ist nicht von mir: Es ist ein Slogan.

Im Islam wird der Körper des Verstorbenen nach der Totenwäsche in ein Leichentuch gehüllt und mit dem Gesicht Richtung Mekka begraben. In den folgenden Tagen besucht man ihn auf dem Friedhof, nimmt Beileidsbekundungen entgegen, ruht sich aus. Dann kehrt jeder in seinen Alltag zurück. Bis zum vierzigsten Tag. Vierzig Tage, nachdem ein Mensch gestorben ist, versammeln sich die Familie, Freunde, Freunde der Freunde. Die Nachbarn kommen als Nachbarn, die Armen, weil sie arm sind und es Tradition ist, ihnen zu essen und zu trinken anzubieten. Man gedenkt des Verstorbenen, betet für ihn, beweint ihn, und wenn er einen gewaltsamen Tod gestorben ist, wenn das Regime ihn getötet hat, dann erregen sich die Gemüter und man lehnt sich auf. Man lässt seiner Ohnmacht, seiner Verzweiflung, seiner Wut freien Lauf. Man dürstet nach Rache. Jemand ruft »Tod dem Diktator!« und die Menge wiederholt im Chor »Tod dem Diktator!«. Die Polizei kommt, eröffnet ohne Vorwarnung das Feuer, unter Tränen und Schreien rennen die Menschen auseinander, und wenn es endlich still wird, zählt man die Toten. Vierzig Tage später beginnt es von neuem. Und das Szenario wiederholt sich wieder und wieder, von Stadt zu Stadt, von Dorf zu Dorf, vierzig Tage nach vierzig Tagen, und unweigerlich stürzt am Ende das Regime. Von den ersten unterdrückten Demonstrationen in Ghom im Januar 1978 bis zur Abdankung des Schahs dauerte es ein Jahr. Wie lange werden die Iraner brauchen, um sich der Islamischen Republik zu entledigen? Man kann Wetten annehmen: einen Monat, zwei Monate, vor Ende des Jahres … Man kann sich in Vermutungen ergehen. Man kann auch aufrichtig sein und die Wahrheit sagen. Und die Wahrheit ist, dass niemand etwas weiß. Eines aber weiß jeder:

Hinter jedem, der stirbt,
stehen tausend andere auf

Aus Spaß am Abenteuer, aus Spaß am Unvorhergesehenen, auch aus Angst davor, eines Tages in einem Pflegeheim zu sitzen und mich zu fragen, was ich aus meinem Leben gemacht habe, zu denken, dass ich mich mein

Leben lang damit begnügt habe, zu existieren, lege ich gelegentlich leichtsinnige Kühnheit an den Tag. Wenn man freundlich ist, könnte man sie als Unerschrockenheit bezeichnen, ansonsten als Dummheit. Wie auch immer, es ist kein Mut: In dieser Hinsicht sind meine Vorräte ziemlich beschränkt. Ich hätte gerne die Entschlossenheit, die Seelenstärke eines Dantons, der sich im Angesicht des Schafotts an den Henker wendet – »Zeig dem Volk meinen Kopf, er ist es wert« –, oder eines Tristan Bernards, der mit seiner Frau verhaftet wird, um nach Drancy gebracht zu werden – »Bis heute lebten wir in der Angst, nun werden wir in der Hoffnung leben« –, aber die Wahrheit ist, dass in vergleichbaren Situationen kein Wort aus meinem Mund dringen würde und mir nichts anderes in den Sinn käme als ein nicht zu unterdrückendes, unkontrollierbares Bedürfnis zu weinen.

Inzwischen war es dunkel geworden. Seit zwei Stunden liefen wir durch die Straßen um den Enghelab-Platz, als Niloofar stehen blieb und sagte:

»Warte, ich zeige dir, was es in Teheran für ein wunderbares Echo gibt.«

Sie holte tief Luft, legte die Hände trichterförmig an den Mund und rief, so laut sie konnte: *Marg bar dictator!* – »Tod dem Diktator!« Eine Sekunde lang, nicht länger – aber es war eine dieser Sekunden, die sich ziehen, eine elastische Sekunde –, blieb ich sprachlos, verdattert von ihrer Kühnheit, und statt meine Stimme der ihren hinzuzufügen, ihr einen brüderlichen Arm um die Schulter zu legen und meinerseits zu rufen, machte ich instinktiv, fast ohne nachzudenken, einen Schritt zur Seite. Ich schwieg und tat, als gehörte ich nicht zu ihr. Die Straße war fast leer, nur ein Stückchen weiter standen zwei Männer vor einer Haustür, und trotzdem bekam ich Angst. Ich bekam Angst, dass diese Männer Agenten des Regimes sein könnten oder dass Agenten des Regimes auf ihren Motorrädern angerast kommen könnten, Angst, verprügelt zu werden und im Gefängnis zu landen und lange dort zu bleiben. Es dauerte nur einen Augenblick, ich weiß nicht einmal, ob Niloofar es bemerkt hat, aber mich hat diese kleine Feigheit, das Verschwinden meines Muts beschämt, ja, ich empfand Scham, mich von der Frau entfernt zu haben, an deren Seite ich einen Moment zuvor noch durch die Stadt gelaufen war, mit der ich geplaudert und die mir nun auf die strahlendste Weise gezeigt hatte, was es wirklich bedeutete, Mut zu haben.

Im dritten Stock eines Gebäudes öffnete jemand das Fenster und rief: »Tod dem Diktator!« Dann riefen die beiden Männer ein Stückchen weiter auf der Straße: »Tod dem Diktator!« Dann hupte ein vorbeifahrendes Auto, der Fahrer kurbelte das Fenster herunter und rief: »Tod dem Diktator!« Dann hörten wir »Tod dem Diktator!«-Rufe aus einer Parallelstraße: Das war das verstärkte, verlängerte Echo von Niloofars Schrei, das sich in den Straßen der Stadt ausbreitete. Es war das wunderbare Echo von Teheran. Es war die von einem Leuchten durchzogene Nacht.

*

Nachdem ich mich von Niloofar verabschiedet hatte und zurück im Hostel war, wo ich wieder Internetzugang hatte, ließen sechs Nachrichten sechs verschiedener Absender mein Handy vibrieren.

»Alles in Ordnung?«

»Meld dich mal …«

»Schreib mir, dass alles ok ist …«

»Bist du wohlauf?«

Diese Salve von Fürsorge brachte mich kurz aus der Fassung. Und dann erhielt ich den Screenshot einer Eilmeldung von *France-Info:*

»Zwei weitere Franzosen im Iran festgenommen.«

## Ghom

Was erwartet man von einem Taxifahrer in einem fremden Land? Dass er einen ans richtige Ziel bringt, ohne einen allzu sehr auszunehmen. Im Iran sagen einem die meisten Taxifahrer nicht nur den korrekten Preis (denselben, den die Iraner zahlen würden); wenn es ans Bezahlen geht, lehnen sie das Geld erst einmal ab. Man besteht darauf, sie lehnen wieder ab. Man drückt ihnen die Scheine in die Hand, sie geben sie zurück. Man lässt sie auf dem Sitz liegen, sie rufen und beschwören einen, sie einzustecken, bis sie sie schließlich *widerwillig* und mit demonstrativem Unbehagen akzeptieren. Aber wehe, man geht, ohne zu bezahlen! Sie werden einen beschimpfen und mit Flüchen überhäufen, einen selbst und alle Nachkommen, über sieben Generationen. Soeben haben Sie eine Sitte kennengelernt, die man einzig und allein im Iran findet: *Taarof.* Es handelt sich um eine Vielzahl ungeschriebener Höflichkeitsregeln, die die tägliche Interaktion bestimmen.

Man kann Taarof für die raffinierteste Form der Höflichkeit, die höchste Stufe des Taktgefühls halten. Man kann es auch als heuchlerisches Ritual ansehen, als übertriebene Ehrerbietung, gepaart mit gespielter Großzügigkeit. Taarof ist das Gegenteil von Klartext reden. Es bedeutet unzählige Umschweife. Es ist ein Ja, das Nein heißt, aber ein Nein mit Spitzen und Rüschen. Beispiel: Sie stehen an einem Bankschalter an. Auch wenn der vor Ihnen Stehende nicht die geringste Absicht hat, Sie vorzulassen, fordert er Sie auf, vorbeizugehen (»Nach Ihnen«). Natürlich erwartet er, dass Sie das Angebot ablehnen, was Sie auch sofort tun. Dabei könnte man es belassen, aber es wäre ebenso ungehörig, das Angebot nicht zu erneuern (»Ich bitte Sie, ich habe es nicht eilig«), wie es unhöflich wäre, die Ablehnung nicht zu wiederholen (»Gott strafe mich, wenn ich mich vordränge«). Ergebnis: Man hat ein paar hochtrabende Floskeln ausgetauscht, jeder bleibt an seinem Platz und alle sind zufrieden.

Das Problem mit Taarof, wenn man nicht geübt ist – und um diese Codes zu lernen, braucht man ein ganzes Leben –, liegt darin, dass man nie weiß, ob das Angebot, das einem gemacht wird, ehrlich gemeint oder nur Höflichkeit ist. Und da man beim ersten Mal immer ablehnen muss, fragt man sich, ob eine Ablehnung *wirklich* eine Ablehnung oder von Taarof diktiert ist. Das Geheimnis besteht darin, genau auf die Feinheiten der Sprache zu lauschen. Wenn man irgendwo ankommt, kein Hotel hat und ein Iraner keine fünf Minuten, nachdem man sich kennengelernt hat, anbietet, bei ihm zu übernachten, aber gleich hinzufügt: »Es ist klein, aber wenn wir zusammenrücken, haben wir alle Platz«, muss man nicht lange überlegen, das ist Taarof. Man dankt ihm für die Einladung und lehnt höflich ab. Aber es ist nicht immer so klar. Im Zweifelsfall lehnt man besser ab, sonst könnte der Gesprächspartner bloßgestellt werden. Und wenn ein Taxifahrer bei all seinen Göttern schwört, dass es eine Ehre für ihn sei, einen Ausländer im Auto zu haben, dass die Fahrt nicht der Rede wert gewesen sei und dass man ihn beleidige, wenn man das Portemonnaie zücke, lässt man ihn reden und bezahlt.

Wie? Cash. Keine Wahl. Vergessen Sie die Kreditkarte – Visa, Mastercard, American Express: Man kann sie nicht benutzen, um den Einkauf zu bezahlen oder Geld abzuheben. Man muss mit dicken Dollar- oder Eurobündeln ankommen, die man nach und nach auf der Bank, in der Wechselstube oder zu besserem Kurs auf der Straße umtauscht. Keine größere Stadt im Iran ohne eine Ecke, wo einem Männer – immer Männer – anbieten, Devisen in iranische Rial zu tauschen. Da gibt es nur zwei Probleme. Erstens sprechen die Iraner nicht von Rial, sondern von der alten Währung, dem Toman, ungefähr so, als würden wir Franzosen, und nicht nur meine Großmutter, noch von Francs reden, während wir in Euro bezahlen. (Wenigstens die Umrechnung ist einfach: hunderttausend Rial sind zehntausend Toman.) Und zweitens schwankt der Wechselkurs: Als ich im Iran ankam, gab es für einen Euro 340 000 Rial; anderthalb Monate später 390 000 Rial. Das war sehr viel mehr als fünf Jahre zuvor. Die Instabilität des Rial, seine ständigen Schwankungen, die Inflation, die am Haushaltsgeld nagt… Ohne Wirtschaftskrise keine Revolution. Wenn es am 5. Oktober 1789 in Paris Brot gegeben hätte, wären die Frauen nicht nach Versailles marschiert. Bei Vollbeschäftigung, einer starken Währung und einer blühenden Wirtschaft würden nicht so viele Iraner auf die Straße gehen. Hinter der Kopftuchfrage versteckt sich auch das Problem des Rial, der schon gestern nicht viel wert war und jeden Tag ein bisschen weniger wert ist.

Ghom: Eine Silbe, die in der Kehle steckenbleibt, und wenn die Islamische Republik sie wieder ausspuckt, trifft sie die Frauen und die Bestrebungen der Jugend mitten ins Gesicht. Vatikan der Schiiten, heilige und geheiligte Stadt, Stadt der Theologen, Pilger und Studenten, die man das Fiqh, die islamische Rechtswissenschaft, lehrt. Stadt der Predigten und des Staubs, mit flachen Dächern, trostlosen Straßen, finsteren Mienen, ablehnend gegen alles, was nicht muslimisch ist: Ghom. Um dorthin zu gelangen, hätte ich wohl ein Taxi genommen oder den Bus, aber dann hat Ali mich auf die Kühlerhaube genommen. Bevor er mich in sein Auto hat einsteigen lassen, hätte Ali mich beinah überfahren.

Man findet beim iranischen Volk tausend Tugenden, aber eine geht ihm völlig ab: die Kunst des Autofahrens. Die Iraner sind Rowdys. Und zwar von der schlimmsten Sorte, die sich einen Dreck um die Straßenverkehrsordnung schert, fröhlich über rote Ampeln rast und Fußgänger als Übel, als zu bekämpfende Feinde ansieht. Im Iran zu Fuß eine Straße zu überqueren ist ein gefährliches Abenteuer, auf das man sich nicht einlässt, ohne vorher zu seinem Gott gebetet zu haben. Durch welches Geheimnis, welchen Schlag des Schicksals verwandeln sich die Nachkommen einer so hochstehenden Zivilisation, die der Welt die Miniaturen, das Schachspiel und die Kalligrafie geschenkt hat, in unverbesserliche Flegel, sobald sie hinter einem Lenkrad sitzen?

Ali glaubte den Grund zu kennen: Es war der Schah. Nicht der, der von der islamischen Revolution gestürzt wurde, sondern sein Vater, Reza Schah Pahlavi. Nach der Machtergreifung 1921 hatte sich der Schah in den Kopf gesetzt, mit Persien das zu machen, was Atatürk damals auf den Ruinen des Osmanischen Reichs verwirklichte: eine Modernisierung im Eiltempo. Er taufte Persien in Iran um, zwang die Männer, sich westlich zu kleiden, und die Frauen, das Kopftuch zu Hause zu lassen, reformierte Justiz und Armee, schuf das Bildungssystem neu, ließ eine von der Transsibirischen Eisenbahn inspirierte Bahnstrecke vom Kaspischen Meer bis zum Persischen Golf bauen und Straßen, vor allem Straßen, überall Straßen. In kürzester Zeit hatten die Iraner von der Kutsche mit einem klapprigen Gaul auf das Auto umgesattelt. Sie mussten quasi von einem Tag auf den anderen Autofahren lernen, *learning by doing,* und bis heute würden sie, so Ali, wie die Idioten fahren. Er könne nichts dafür: Ja, ich wäre beinah unter seinen Rädern geendet, aber wenn ich unzufrieden sei, müsse ich den früheren Schah beschimpfen.

Ali war einundzwanzig, quer über sein Gesicht zog sich eine mit zwanzig Stichen genähte Wunde. Seinen Eltern hatte er etwas von einem unglücklichen Sturz erzählt; mir konnte er die Wahrheit sagen: Die Bassidschis hatten ihn mit Knüppeln verprügelt. Er studierte in Teheran, wohnte aber in Ghom bei seinen Eltern und fuhr dreimal in der Woche in seinem alten Peugeot

405 hin und her. Anstatt das Geld, das er nicht hatte, für Miete zu verschwenden, sparte er lieber auf den 508 seiner Träume. Dafür demonstrierte er. Dafür war er bereit, sich das Gesicht von den Schergen des Regimes zu Brei schlagen zu lassen. Ein 508. Die Kopftuchfrage, klar, aber das war Nebensache. Übrigens trug seine Freundin den Tschador.

Ich war also beim Überqueren der Straße auf Ali gestoßen. Zur Entschädigung hatte er mir angeboten, mich nach Ghom mitzunehmen. So musste ich nicht auf den Bus warten, also sagte ich zu. Die Straße zwischen Teheran und Ghom führt durch eine Wüste aus schwarzer Erde mit Kratern und Dünen – man fühlt sich wie auf dem Mond (nur dass man hier bestimmt keine amerikanische Fahne finden wird). Der Verkehr fließt, die Geschwindigkeit ist auf einhundertzwanzig Kilometer pro Stunde begrenzt. Man macht das Fenster auf, gibt Gas, Musik in den Ohren, frischer Wind, der das Gesicht liebkost, und Wüste, so weit das Auge reicht: Man fühlt sich gut.

Ali war fürsorglich: Fuhr er nicht zu schnell? War mir vielleicht kalt? Wollte ich mein Fenster lieber zumachen? Hatte ich schon ein Hotel in Ghom? Wenn ich wolle, könne ich bei ihm schlafen. Nur blöd, dass seine Eltern kein Wort Englisch sprachen, aber egal, sie würden sich freuen, mich kennenzulernen. Großartig, das war die Gelegenheit, eine iranische Familie von nahem kennenzulernen. Danke, sagte ich, aber ich möchte nicht stören … Ali legte die Hand aufs Herz und versicherte mir, dass ich nicht stören würde. Höchstens seine Schwester, die gerade für ihr Juraexamen lernte, aber ansonsten … Wir würden in dem Zimmer schlafen, das er mit seinem Bruder teilte, der leider krank sei, aber wir müssten nur … Alles klar, ich hatte verstanden. Taarof.

In Ghom sind die Mullahs überall. Mullahs sind die Priester des schiitischen Islams, die Entsprechung der Imame oder Ulemas in der arabischen Welt. Gelehrte, die fähig sind, die Scharia zu interpretieren. Heben Sie in Ghom einen Stein auf und werfen Sie ihn in die Luft: Er wird auf einem Turban landen. Schwarz, wenn der Mullah ein Sayyid ist, also von der Familie des Propheten abstammt. Ansonsten weiß. Wenn der Stein nicht auf einen Turban gefallen ist, ist er auf einem Tschador gelandet. Hier wagt keine Frau, mit unbedecktem Haar herumzulaufen: Man würde den Stein sofort auf sie werfen. Alle tragen den Tschador, sogar fünfjährige Mädchen.

In Ghom hat Ajatollah Khomeini die Pflicht zum Tragen eines Kopftuchs verkündet. Spulen wir den Film zurück. Wir sind im Januar 1979. Nach einem Jahr Demonstrationen, Niederschlagung von Demonstrationen und Demonstrationen gegen die Niederschlagung hat das Volk den Schah gestürzt. Das Volk: Atheisten, Nationalisten, Kommunisten, Anarchisten, Liberale.

Mullah in Ghom.

Und Islamisten, die die Revolution beschlagnahmen und die Macht an sich reißen werden. Der Schah geht ins Exil und Khomeini kommt aus dem Exil zurück – er kommt aus Neauphle-le-Château.[1] Die Iraner denken, sie haben den Teufel verjagt und den lieben Gott bekommen: Bald finden sie sich mit dem Teufel wieder, der sich als Gott geschminkt hat. Am Vorabend des 8. März, etwas vorzeitig, feiert Khomeini auf seine Art den Internationalen Frauentag: »Es ist den Iranerinnen nicht verboten zu arbeiten«, verkündet er, »aber sie müssen den Hidschab tragen.« Schon bald wachen Milizionäre darüber, dass die *Schwestern* ihr Haar bedecken. Und vier Jahre später drohen denjenigen, die sich mit bloßem Kopf auf die Straße wagen, zweiundsiebzig Peitschenhiebe.

---

1  Neauphle-le-Château: Fünfundachtzig Millionen Iraner kennen die friedliche Gemeinde im Département Yvelines mit kaum dreitausend Einwohnern. Vor seiner Rückkehr in den Iran hatte Khomeini dort die letzten vier Monate seines fünfzehnjährigen Exils verbracht.

# Kaschan

Nachricht von Samin, einer iranischen Freundin, die in Paris lebt: »Pass auf! Es steht Kuchen auf dem Tisch, den man in den kommenden drei Tagen nicht anrühren darf. Er könnte zu süß sein …« Niloofar, die sich nicht mit Metaphern abmühte, hatte mich schon gewarnt: »Vermeide in den nächsten drei Tagen alle Menschenansammlungen: Es gibt Stunk.«

Zwischen Ghom und Kaschan hatten Soldaten im Drillich einen Checkpoint eingerichtet. Sie fotografierten meinen Pass, mein Visum, fragten mich, woher ich käme, wohin ich führe, wie lange ich da sei, ob ich Kylian Mbappé persönlich kennen würde. Nein, sagte ich, und das war sehr schade, aber kein ausreichender Grund für eine Verhaftung: Sie ließen mich weiterfahren.

Wüste, Wüste, Wüste und plötzlich: Minarette, Kuppeln, Türme – eine Stadt. Kaschan am späten Nachmittag unter einer kalten Sonne, die gern brennen würde, aber ihre Strahlen sind gegen den Winter ebenso unwirksam wie die Haken eines Fliegengewichts, das tollkühn in den Ring gestiegen ist, um den Schwergewichtsmeister herauszufordern.

In Kaschan gibt es kein Monument, kein Haus, das nicht den Anspruch erhebt, *historisch* zu sein: das Haus der Tabatabayi, einer Teppichhändlerdynastie, die vielfarbige Glasfenster schätzten – *historisch;* das der Abbasi, für dessen Besichtigung, die fünf Toman kostet, man keine zehn Minuten braucht – *historisch;* sogar die Herberge, in der ich für zwei Nächte reserviert hatte, ist *historisch.* An der Wand im Foyer von durchreisenden Gästen hinterlassene Banknoten aus dreißig Ländern; eine Tafel, auf der mit Kreidemarker der Wechselkurs notiert wurde, den man ständig aktualisieren musste; und neben der Tafel, in einem vergoldeten Rahmen, ein Porträt in Dreiviertelansicht, vor dem ich einen Moment stehen blieb: Ausnahmsweise deutete Khamenei ein Lächeln an. Ich hasse ihn, verkündete Mustafa, der ihm die Schuld für die ausbleibenden Touristen zuschrieb. Es war Hochsaison, aber seine Herberge war leer. Das Porträt hing dort, um die Schergen des Regimes gnädig zu stimmen, die regelmäßig vorbeikamen und kontrollierten, dass alles in Ordnung war – die Visa der Reisenden gültig, die Frauen mit Kopftuch und die Flaschen ohne Alkohol.

In meinem Zimmer sah ich zwei Reportagen aus dem Archiv von Radio Télévision Suisse.

In der ersten[1] folgt ein Team von *Temps présent* ein Jahr lang dem Schah und seiner Familie. Dem Journalisten, der ihn fragt, ob er sich als absoluten Monarchen bezeichnen würde, antwortet der Schah in perfektem

---

1  »Le Shah«, RTS, *Temps présent,* 9. Februar 1978, Claude Smadja (Journalist) und Raymond Vouillamoz (Regisseur).

Französisch (in seiner Jugend hat er in der Schweiz studiert), man könne alle Superlative anführen, er aber sei tatsächlich fähig, zu verstehen und auszuführen, was im Interesse des Volkes liege. Er wirkt sehr selbstsicher, überzeugt zu wissen, was sein Volk braucht, und warum sollte er es auch nicht sein? Ist er nicht der Vater seines Volkes? Hat er nicht einen göttlichen Auftrag auszuführen? Der Journalist fragt den Schah nach den finanziellen Schwierigkeiten, die sein Land hat, aber der Schah redet sie klein: Nein, der Iran habe keine finanziellen Schwierigkeiten, abgesehen von der Inflation, räumt er ein, aber das sei die Schuld des Westens. Und dann gebe es noch ein anderes Problem: Es fehle an Männern. Ein vorübergehendes Problem allerdings, denn fünfzig Prozent der Bevölkerung seien unter fünfzehn Jahre alt: Heute seien es Münder, die essen, und wenige Arme, die arbeiten, aber man solle in drei Jahren wiederkommen, dann werde der Iran zu den fünf größten Nicht-Atom-Mächten gehören. Das alles sagt er in seinem Palast in Niavaran unter den Kronleuchtern seines Arbeitszimmers. Man sieht die Kronleuchter. Man sieht die Blumengebinde unter den Kronleuchtern. Das Volk sieht man nicht. Die Armen sieht man nicht.

Dann sieht man die Schahbanu, die Frau des Schahs, im kaiserlichen Flugzeug auf dem Weg zu einer Rundreise durch die Provinz. Auch sie, die Kaiserin Farah, spricht perfekt Französisch: Sie reise vor allem, um Kontakt zum Volk zu haben, ihr Land besser kennenzulernen, von seinen Problemen zu erfahren. Sie wirkt aufrichtig überzeugt, für das Wohl ihres Volkes tätig zu sein. Aber welches Volk sieht die Kaiserin, wenn sie aus ihrem kaiserlichen Flugzeug aussteigt, um in ein kaiserliches Auto zu steigen und, eskortiert von hundert Polizisten auf Motorrädern, unter Spruchbändern hindurchzufahren, die ihren kaiserlichen Ruhm verkünden, wenn sie vor Iraner tritt, die der kaiserliche Geheimdienst zuvor sorgfältig ausgewählt hat? Wer ihr zu nahe kommt, wird von herbeistürzenden Leibwachen, die Waffen in ihren Taschen versteckt, schonungslos zu Boden geworfen. Die Kaiserin glaubt das Volk zu sehen, doch sie sieht nur das, was man ihr zeigen möchte – das ihr ergebene Volk, für das, so sagt der Journalist, allein schon ihr nahe zu kommen, sie zu berühren, ein kleines Wunder ist, so stark ist die Aura der Macht für einen großen Teil des Volkes. In Wahrheit sieht sie das Volk nicht. Sieht sie die Armen nicht.

Dann sind wir beim Empfang zum siebzehnten Geburtstag des Thronfolgers, des Sohns des Schahs. Die ganze kaiserliche Familie ist versammelt – die Mutter des Schahs, die Frau des Schahs, der Schah selbst, vor dem sich die höchsten Würdenträger des Landes respektvoll und gehorsam verneigen. Die Männer tagen Smoking, die Frauen Abendkleider. Man sieht Perlenketten, viel zu große Fliegen, livrierte Diener und Champagnerkelche. Die Kronleuchter funkeln, ein Feuerwerk wird abgebrannt. Die Armen sieht man nicht. Aber vielleicht sehen die Armen in ihren Elendsvierteln am Rand von Teheran das Feuerwerk.

Dann sieht man den Schah in Galauniform, die ganze Brust mit Orden bedeckt. Es ist sein Geburtstag, und Vertreter von achtzig Nationen, sagt uns der Journalist, sind gekommen, um Seiner Kaiserlichen Majestät ihre Glückwünsche zu überbringen. Folgsam und schnurgerade sind sie vor dem Schah aufgereiht, der sie gleichsam inspiziert: Nacheinander rühmen die Vertreter ausländischer Regierungen den Schah mit bebenden Stimmen, küssen seine Hand, verneigen sich vor ihm, und wenn er es wollte, würden sie vor ihm auf die Knie fallen, unterwürfig, voller Wonne auf den Knien vor dem Schah. (Denn der Iran schwimmt in Erdöl und die Vertreter der ausländischen Regierungen brauchen immer mehr davon – für das Erdöl kassiert der Iran jedes Jahr Milliarden, die Milliarden für das Erdöl landen beim Schah, der Familie des Schahs, den Freunden des Schahs, der Armee des Schahs, aber nicht bei den Armen.)

Trotz allem gibt es in der Reportage einen Moment, in dem man sie sieht, die Armen – jene Armen, die der Schah nicht sieht. In einem »Sonderbüro«, das, wie uns der Journalist erklärt, jährlich Zehntausende Briefe erhält – Bitten um Hilfe, Klagen über Amtsmissbrauch. Man sieht eine weinende Frau im Tschador, der ihr Haus weggenommen wurde und die nie die versprochene Entschädigung erhalten hat. Man sieht eine zweite Frau, ebenfalls im Tschador, auch sie will sich beschweren. Ihr Blick ist leer, erschöpft, der ihres Mannes neben ihr ist furchtsam, verschreckt, gekränkt: Auch er wirkt müde, fast am Ende, aber er zieht mit seiner unterdrückten Erregung die Aufmerksamkeit auf sich – und diese unterdrückte Erregung wird in kaum einem Jahr den Schah stürzen, wenn der Moment kommt, die Kränkungen zu rächen. Diese Erregung und das, was die Schlagzeilen melden, die ganz am Ende der Reportage zu sehen sind: »Neun politische Gefangene bei Ausbruchsversuch getötet«, »Zwei Todesurteile in Teheran vollstreckt«, »Der Henker des Schahs: schonungsloses Zeugnis der Folter im Iran«, »Amnesty International kritisiert die systematische Anwendung von Folter durch die politische Polizei«, »Die Geheimpolizei unterwandert alle Schichten der iranischen Gesellschaft«, und so weiter und so weiter.

Die Armen sieht man in der zweiten Reportage, vom Februar 1979, genau ein Jahr nach der Ausstrahlung der ersten.[1] Sie fegen mit Inbrunst die Fahrbahn, schnell, die Straßen müssen sauber sein, weil die Kolonne von Ajatollah Khomeini darauf fahren wird. Das ist der große Tag, sagt uns der Journalist: Das ist die Rache der Unterdrückten des Schahregimes, der Mehrheit des

---

1  »Khomeiny arrive«, RTS, *Temps présent,* 8. Februar 1979, Gérald Mury (Journalist) und Jean-Claude Chanel (Regisseur).

Volkes. Drei Millionen Menschen haben sich versammelt und warten seit Stunden, und damit sie sich weiter gedulden, ertönen aus Lautsprechern von Mullahs vorgelesene Koranverse. Sie recken die Faust zum Himmel und rufen *Allahu akbar.* Überall Bilder des Ajatollahs. Überall Turbane. Überall Tschadors. Und überall die Hoffnung, die Begeisterung, die Leidenschaft einer Menge, die ihren Retter und ihren Führer erwartet. Alle wollen ihn sehen, ihm nahe kommen, ihn berühren – das ist die berühmte Aura, die die Person des Herrschers umgibt. Und schließlich ist er da, mit seinem schwarzen Turban, dem weißen Bart und dem unbeugsamen Blick, von einer Bühne herab spricht er zur Menge.

In einer anderen Szene interviewt der Journalist einen iranischen Kollegen. Glauben Sie nicht, dass die Pressefreiheit in einer islamischen Republik bedroht ist? Wissen Sie, antwortet der Iraner, wenn eine islamische Republik genau das Gleiche tut wie das alte Regime, erlebt sie die gleiche Revolution.

*

Knapp zwei Tage in Kaschan, ein kurzer Besuch im Fin-Garten, ein kurzer Besuch in der Moschee, ein kurzer Besuch auf dem Basar und jede Menge Lektüre: Bouvier sagt kein Wort über Kaschan, Vernet macht keine Zeichnung, als hätten sie Teheran-Isfahan in einem Ritt gemacht. In Kaschan habe ich mich gelinde gesagt gelangweilt. Immerhin gab es am Morgen der Abreise einen jener kurzen Glücksmomente, die das Salz des Reisens ausmachen: In einer Gasse der Altstadt, an einer Stampflehmmauer, auf die das Mäuerchen gegenüber seinen reglosen Schatten warf, der agile Schatten einer darauf entlanglaufenden Katze (höchstens drei Sekunden, die mir für drei Stunden ein Lächeln geschenkt haben).

## Auf dem Weg nach Isfahan

اصفهان. Mit schwarzem Filzstift hatte ich in persischen Buchstaben den Namen Isfahan auf ein in Kaschan gefundenes Stück Pappe geschrieben. Bei uns wird immer weniger getrampt. Heute gibt es Apps, Websites, Plattformen, die Fahrer und Mitfahrer gegen eine Provision zusammenbringen. Man verabredet sich an einem bestimmten Ort zu einer bestimmten Zeit, fährt einen Teil des Weges zusammen und teilt die Kosten. Wie beim Sex, wie bei der Liebe, wie bei der Wahl eines Hotels oder Restaurants hat man den Zufall durch Algorithmen ersetzt. Das nennt man *Fortschritt*. Das Programm des Fortschritts: den Zufall ausmerzen.

Trampen: Das Wort gibt es in Farsi nicht, und das Tun ist im Iran wenig verbreitet. Den Daumen auszustrecken ist hier obszön. Damit Autos anhalten und einen mitnehmen, braucht man ihnen nur zu winken. Die Iraner sind gastfreundlich, offen, neugierig; sie lassen einen nie lange am Straßenrand herumstehen. Ich wollte nach Nahafsi, Yassin nach Isfahan – obwohl ich mein Schild verkehrt herum hielt, war er bereit, mich mitzunehmen.

Yassin war Biologielehrer im Ruhestand und glich bis aufs Haar einem Biologielehrer im Ruhestand: kleine rechteckige Brille, kahler Schädel, grau melierter Spitzbart. Wenn man hängende Lider unter geschwungenen Brauen hinzufügte, so hatte man den offiziellen Doppelgänger von Salman Rushdie in der iranischen Version, nur dass Yassin zu denen gehörte, die in die Fatwa-Jukebox immer noch ein Geldstück nachwerfen. Am Rückspiegel hing ein Anhänger mit dem Bildnis von Ajatollah Khamenei.

»Ein großer Mann«, erklärte Yassin gerührt. »Ich würde mein Leben geben, um seines auch nur eine Minute zu verlängern.«

Seit meiner Ankunft hier war es tatsächlich das erste Mal, dass ich es mit einem Anhänger des Regimes zu tun hatte: eine ausgefallene, seltene, vom Aussterben bedrohte Art, die ich mit intensiver Aufmerksamkeit betrachtete, so wie ein Insektenkundler einen *Ornithoptera allotei* oder den blauen *Junonia orithya*. Für Yassin hatte die Islamische Republik dem Iran seine Größe zurückgegeben. Der Schah? Ein Lakai ausländischer Mächte, der das Land an sie verscherbelt hatte.

Seit der Revolution flößte der Iran wieder Angst ein. Man brauchte nur Uran anzureichern, und die ganze Welt machte sich in die Hose. Und zu sehen, wie die westlichen Weicheier schon bei der bloßen Vorstellung einer Atomwaffe in den Händen der Mullahs zitterten, erfüllte Yassin mit Stolz. Dabei war der Biolehrer kein Kriegstreiber:

»Wir Iraner lieben die Menschen aller Länder.«

»Sogar die Amerikaner?«

»Natürlich! Wir sind nicht gegen sie. Nur gegen ihre Regierung. Wir lieben die Menschen *aller* Länder.«

»Sogar die Israelis?«

Beinahe wäre er erstickt.

»Israel ist kein Land! Es ist eine illegale Besatzungsmacht! Ich habe nichts gegen Juden. Nichts. Aber mussten sie den Palästinensern ihr Land rauben?«

Er schlug aufs Lenkrad, ließ es los, streckte die Arme in die Luft, um den Himmel zum Zeugen anzurufen, und als das Auto ins Schlingern kam, brachte ich es mit einer Bewegung aus dem Handgelenk wieder auf die Mitte der Straße zurück.

Yassin hatte drei Töchter. Sechzehn bis zwanzig, gute Musliminnen, die im Ramadan fasteten, ihre fünf täglichen Gebete verrichteten und den Vater freitags zur Moschee begleiteten, aber sie weigerten sich, den Tschador zu tragen. Er hatte sehr wohl versucht, sie zu überzeugen, hatte ihnen erklärt, dass der Tschador die Frauen vor dem unaufhörlichen männlichen Begehren bewahre, dass er die Schönheit ihrer Formen ihrem Vater, ihren Ehemännern, ihren Brüdern oder Söhnen vorbehalte usw. Aber die Mädchen ließen sich nicht umstimmen und hielten sich an den Hidschab. Sie sind groß, sie machen, was sie wollen, seufzte Yassin mit einem zärtlichen Lächeln, im Ton eines Familienvaters bei uns, der seine Sprösslinge angeheitert von einer Studentenfete nach Hause kommen sieht und sagt: »Ach, die Jugend …«

Wir hatten die Hälfte der Strecke hinter uns, als sein Telefon zu klingeln begann. Es war BadeSaba, eine im Iran verbreitete App: Sie ersetzte den Muezzin für den *adhan,* den Gebetsruf – man hat ja nicht immer ein Minarett in Hörweite. Yassin entschuldigte sich, stellte das Auto am Straßenrand ab, öffnete den Kofferraum, holte einen Teppich heraus, entrollte ihn, richtete ihn nach Südwesten aus, das heißt in Richtung Mekka. Er zog einen *muhr* aus der Tasche, jenes mit Flachreliefs geschmückte Stück Lehm, das Schiiten immer bei sich tragen: Jedes Mal, wenn sie sich niederwerfen, legen sie die Stirn darauf. Das tat auch mein Chauffeur mehrmals, während er in lang gezogenen Tönen den Namen Allahs modulierte; wir fuhren weiter, ich schlief ein, wir erreichten Isfahan.

An den Zufahrtsstraßen in die Städte – und Isfahan macht keine Ausnahme – hingen die Porträts der *shohada,* junger Männer, die meisten von ihnen noch bartlos, Märtyrer des Iran-Irak-Kriegs, der in acht Jahren eine Million Tote gefordert hatte. Der Märtyrerkult hat eine lange, eine sehr lange Tradition, er geht auf Ali zurück, den ersten schiitischen Imam, der 661 von den Charidschiten ermordet wurde. Noch heute sieht man iranische Schiiten vor Empörung zittern, wenn sie erzählen, wie Hussein, der Sohn von Ali und Enkel des Propheten Mohammed, vor vierzehn Jahrhunderten in der Schlacht von Kerbala von den Omayyaden geköpft wurde. Seitdem werden Märtyrer zu Vorbildern gemacht, ihrer wird ständig und überall gedacht, auf den Straßen, auf den Schulhöfen, auf Fähnchen und Fresken, Postern, stilisierten Banderolen, mit Rosenteppichen, Kalaschnikows und von einer Kugel durchschossenem Koran.

Ich dachte im Stillen, dass man diese *shohada*-Porträts vielleicht eines Tages durch die von Mahsa Amini, Hadis Najafi, Javad Heydari und Nika Shakarmi ersetzen würde – von all jenen, die niedergemacht wurden, weil sie die Stimme erhoben hatten. An jenem Tag würde Yassin sein Steuer endgültig loslassen.

Yassin, der aufrichtige Unterstützer eines repressiven Systems, der glühende Anhänger der herrschenden Ordnung, ein bisschen bigott, war zugleich aber auch freundlich, hilfsbereit, aufmerksam, ein guter Vater und sicherlich ein guter Ehemann, ein guter Staatsbürger, der am Straßenrand anhielt, um Plastikflaschen einzusammeln, und einen Umweg machte, um mir ein Bergdorf (Abyaneh) zu zeigen, das ich »unbedingt sehen« müsse, der darauf achtete, die Musik leiser zu drehen, wenn die Monotonie der Landschaft mich halb einschläferte, darauf beharrte, mich direkt vor der Herberge abzusetzen, und der drei Mal die Toman ablehnte, die ich ihm anbot, um ihn für die Fahrt zu entschädigen. Nichts ist jemals nur schwarz oder weiß.

## Isfahan

Am meisten bewundere ich in *Die Erfahrung der Welt* – neben der Musikalität der Sprache, neben dem nie zur Schau gestellten Wissen, neben dem Wunderbaren, das auf jeder Seite aus dem verzauberten Blick hervortritt, neben der von Fröhlichkeit, vom Jubel der Sinne, vom ewigen Staunen gedämpften Melancholie –, am stärksten bewundere ich vielleicht Bouviers beispiellose Fähigkeit, in drei Zeilen Porträts zu zeichnen, die uns anrühren. Während er in Isfahan auf dem Tisch eines Esszimmers seine Reiseapotheke in Ordnung bringt: »Ein dicker, jovialer Unbekannter leistet mir den ganzen Abend Gesellschaft. Nach einer Weile fragt er, ob er unser Fieberthermometer benützen darf, steckt es sich in den Mund und schaut weiter zu. Er habe zur Feier am Ende des Ramadans zu viel gegessen und fürchte jetzt, ein wenig Fieber zu haben. Aber nein, siebenunddreißig fünf. Das ist alles, was ich je über ihn erfahren habe.«[1]

Isfahan beeindruckt die beiden Schweizer: »Die Stadt allein ist die ganze Reise wert.«[2] Und doch hakt etwas; ohne genau zu wissen, warum, fühlen sie sich nicht so recht wohl, sind unglücklich, dort zu sein, beginnen, ihre Reise infrage zu stellen: »Ich mochte mir noch so oft wiederholen: Isfahan! Aber es wirkte nicht.«[3] Und sehr bald geben sie Isfahan auf und reisen ab, ohne auch nur einen Blick zurückzuwerfen: »Ich glaube eher, dass es Landschaften gibt, die einem *böse gesinnt sind* und die man unverzüglich verlassen muss, sonst stößt einem etwas Unvorhergesehenes zu. Es gibt nicht viele davon, aber es gibt sie. Für jeden von uns existieren auf dieser Welt fünf oder sechs.«[4]

Mit achtundsechzig Jahren Abstand hätte ich wörtlich denselben Satz schreiben können: Das »Unvorhergesehene«, das einem »sonst zustößt«, war der Tod, nichts weniger – am Abend zuvor hatte es während der Demonstrationen auf den Straßen Isfahans zwei Tote gegeben. Seitdem hatten die Geschäfte ihre Rollläden heruntergelassen, die Restaurants ihre Türen geschlossen, war niemand auf dem Naqsh-e-Jahan-Platz, nicht

---

1  Bouvier, S. 240.
2  Bouvier, S. 242.
3  Bouvier, S. 243.
4  Bouvier, S. 244.

einmal im Basar. Einen Teil der Nacht verbrachte ich damit, im Gemeinschaftsraum der Herberge zu lesen, wo zwei Polen sich beim Rezeptionisten beklagten: Sie hätten die Angewohnheit, ein Omelett zum Frühstück zu essen, aber alle Lebensmittelgeschäfte im Umkreis von fünf Kilometern hätten geschlossen. Man wird nie ausreichend der Kollateralopfer gedenken, die die Revolutionen fordern.

Revolution oder Revolte? Die semantische Debatte bewegte die Fachleute. Es war noch zu früh, es zu sagen: Ein Aufstand, der scheitert, ist eine Revolte, ein erfolgreicher eine Revolution. Es war eine Welle vereinzelter, spontaner, ungeordneter Erhebungen, die danach strebten, Revolution zu *werden,* das heißt, das Regime zu stürzen. Das aber war einstweilen an der Macht, und zwar stabil an der Macht, und strafte die Demonstranten, die als »Aufrührer« oder »von ausländischen Mächten instrumentalisierte Agenten« bezeichnet wurden.

Am nächsten Tag hatten bewaffnete Einsatzkräfte den Zugang zur Hälfte der elf Brücken Isfahans gesperrt. Eine praktisch wirkungslose Maßnahme: Der Fluss Zayandeh Roud, dessen Ruhm die persischen Dichter besangen, der Stolz der Stadt, lag seit mehr als zwanzig Jahren trocken.[1] Man brauchte nur die rissige

---

1  Bereits in den 1950er Jahren war er in keinem guten Zustand. Bouvier: »Gestern Abend ein Spaziergang den Fluss entlang. Ist es wirklich ein Fluss? Selbst bei höchstem Wasserstand verliert er sich, kaum hundert

Erde zu überqueren, um ans andere Ufer zu gelangen, ins armenische Viertel, zur Erlöser-Kathedrale, zum Blau ihrer Fresken, jenem »…unnachahmliche[n] persische[n] Blau, das ganz Persien umfangen hält, das die Seele freut, das mit der Zeit leuchtender und tiefer geworden ist wie die Palette eines großen Malers«.[1] Isfahan besuchen bedeutet, für den Rest seines Lebens Blau-Vorräte anzulegen. Auf dem Naqsh-e-Jahan-Platz, fünfhundertsechzig Meter lang und hundertsechzig Meter breit, würde ein ganzes Leben nicht ausreichen, die – größtenteils blauen – Fayence-Kacheln der Schah-Moschee zu zählen. Alte Isfahani, deren Augen von all dem Blau erschöpft waren, konnten an ihr entlanggehen, ohne ihr die geringste Aufmerksamkeit zu schenken. Für mich: unmöglich. Ich verbrachte Stunden damit, sie zu fotografieren. Sollten die Revolutionswächter mich festnehmen, so würde ich ihnen Beweise liefern, ihnen belegen müssen, dass ich nicht gekommen war, um die iranische Jugend aufzustacheln, sondern als Tourist. Sie könnten mein Telefon noch so gründlich durchsuchen, sie würden nur Blau sehen.

Meine iranischen Freunde hatten mich gewarnt. Im Falle einer Verhaftung wäre mein Telefon mein

Kilometer östlich der Stadt, im Sande. Jetzt ist er fast ganz ausgetrocknet; ein breites Delta, mit ein paar leuchtenden Flecken aus Wasser, das sich kaum von der Stelle rührt. Beturbante Greise durchreiten es auf einem Eselchen, in einer Wolke von Fliegen.« Bouvier, S. 243.

1  Bouvier, S. 220.

schlimmster Feind. Also ergriff ich Vorsichtsmaßnahmen. Ich war auf keinem sozialen Netzwerk, ich hatte weder Twitter noch Facebook, und ich hatte meinen Instagram-Account abgemeldet. Meine Kontakte im Iran, denen ich hätte Ärger einbringen können? In meinem Adressverzeichnis tauchten sie nur unter ihrem Vornamen auf, und ich löschte regelmäßig ihre Nachrichten. Die Fotos, die ich gemacht hatte und die nicht rein *touristisch* waren? Ich schickte sie an Freunde, die sie mir nach meiner Rückkehr zurückschicken würden, und löschte sie anschließend.

An meinem letzten Tag in Isfahan hatte ich einen Aufstieg auf den Mount Soffeh im Süden der Stadt unternommen. Etwas mehr als zweitausendzweihundert Meter, eine Kuhweide, wie man bei uns sagen würde, nur dass es keine Kühe gab, weil kein Gras zum Weiden. Nichts, um sich für Sir Edmund Hillary zu halten, aber es war doch eine ordentliche Wanderung. Ich war früh am Naqsh-e-Jahan-Platz aufgebrochen und hatte im staubigen Licht des frühen Nachmittags den Gipfel erreicht. Isfahan erstreckte sich unter mir, so weit das Auge reichte. Im 17. Jahrhundert war es mit fünfhunderttausend Einwohnern die bevölkerungsreichste Stadt des Irans gewesen. Als die beiden Schweizer 1954 dort Station machten, zählte sie nur noch zweihunderttausend. Heute: zwei Millionen. In Erinnerung bleiben wird mir vor allem Firouzeh.

Noch keine zwanzig, violetter Jogginganzug, Wander-

schuhe, Wanderstock, kein Hidschab, aber eine Schirm-
mütze: Die Sonne stach; sie wartete schon eine gute
Stunde.

Worauf? Ich würde es bald erfahren. Zunächst aber
mussten wir uns kennenlernen. Firouzeh studierte In-
genieurswissenschaften; neben ihren Seminaren arbeitete sie vierzig Stunden in der Woche in einer Jugend-
herberge; neben ihrer Arbeit lernte sie mit *Friends*
Englisch. Sie war bei Staffel 5, in der Chandler und
Monica miteinander schlafen. Sie fragte sich, ob Rachel
bei Ross landen würde. Unsere Verabredung: Staffel 10,
wenn Firouzeh perfekt Englisch sprechen würde. Einstweilen suchte sie noch nach Worten, und wenn sie
sie fand, leuchtete ihr Gesicht mit kindlicher Freude.
Sie war aus zwei Gründen auf den Mount Soffeh gestiegen. Der erste war in roten Lettern auf einen Felsen ge-
sprayt:

زن زندگی آزاد

*Zan, Zendegi, Azadi*.[1] An den Hauswänden der Stadt
blieb das nie lange stehen: Es dauerte keine Stunde, bis
die Pasdaran auf dem Motorrad mit einer Spraydose

---

1  »Frau, Leben, Freiheit«, der meistbenutzte Slogan der Demonstrantin-
nen und Demonstranten.

Isfahan, U-Bahn-Ausgang. Die Vergangenheit des Irans zwei Schritte hinter seiner Zukunft.

das Graffiti übersprühten. Hierher würden sie zumindest nicht kommen.

Der andere Grund war, dass sie ein Video drehen wollte. Nur saß sie ziemlich in der Patsche: Ihr Handy hatte keinen Saft mehr. Seit einer Weile wartete sie darauf, dass jemand mit einem Telefon aufkreuzte; allmählich verlor sie den Mut, aber schließlich war ich aufgetaucht. Ob ich wohl mit meinem ein Video aufnehmen und es ihr per Mail schicken könne?

»Ein Video?«, fragte ich. »Ein Video wovon?«

»Von mir«, sagte sie. »Von mir auf dem Gipfel des Mount Soffeh, wie ich den Aufstieg all jenen widme, die gegen das korrupte Regime demonstrieren. Von mir, wie ich ›Tod dem Diktator‹ rufe! Und ›Scheiß auf die Mullahs‹! Und ›Frau, Leben, Freiheit!‹«

»Und was machst du damit?«

»Ich poste es auf Instagram.«

Bei uns in Europa sah man *lifestyle*-Influencerinnen, wie sie das iranische Volk in Instagram-Storys unterstützten, um uns in den nächsten die Vorzüge eines Lippenstifts oder einer Feuchtigkeitscreme anzupreisen, Gutscheincode eingeblendet. Die, da waren Firouzeh und ich uns einig, verachteten wir. Und dann gab es diejenigen, die sich als Zeichen der Solidarität mit den iranischen Frauen eine Haarsträhne abschnitten. Minimales Investment, dachte Firouzeh, bei maximalem Ertrag: Es benötigte kaum Zeit, war mit keinerlei Risiko verbunden, brachte einen Haufen Likes und vermittelte ein gutes Gewissen. Sie ekelte das an, ich wusste nicht, was ich davon halten sollte. An einem Tag gehörte ich zu jenen, die es für möglich hielten – und nicht nur möglich: für gut –, sich über das Übel der Welt aufzuregen, ohne die eigenen Empfindungen zur Schau zu stellen, und ich sagte mir, dass es vulgär und unanständig war, sich öffentlich mit tugendhafter Empörung zu schmücken; am nächsten reihte ich mich hinter Pastor Martin Niemöller ein, für den Schweigen nicht immer beredte Anteilnahme ist, sondern auch feige und schuldhaft und verhängnisvoll sein kann:

> Als die Nazis die Kommunisten holten,
> habe ich geschwiegen,
> ich war ja kein Kommunist.

> Als sie die Sozialdemokraten einsperrten,
> habe ich geschwiegen,
> ich war ja kein Sozialdemokrat.

> Als sie die Gewerkschafter holten,
> habe ich geschwiegen,
> ich war ja kein Gewerkschafter.

> Als sie mich holten,
> gab es keinen mehr,
> der protestieren konnte.

In den sozialen Netzwerken zu protestieren, über die Exzesse des iranischen Regimes herzuziehen, von Frankreich aus seine Unterstützung der Demonstranten zu zeigen, wenn man weder Familie noch Freunde im Iran hat, ist recht wenig – aber es ist auch nicht nichts. Doch vom Iran aus … Vom Iran aus ist das viel, es ist »Propaganda gegen das Regime« und man riskiert das Gefängnis. Firouzeh wusste, was jungen Frauen im Gefängnis angetan wurde. Und da man sich immer auf das Schlimmste vorbereiten muss, bereitete sie sich vor, indem sie Gedichte auswendig lernte.

## Schiras

Der Schlafraum der Herberge lag zur Straße hin. Bis spät in die Nacht hielt uns eine schmachtende Klage wach. Meinen Zimmergenossen, einen jungen Dagestaner, der vor der Einberufung geflohen war (absolut keine Lust, die Ukrainer abzuknallen, die ihm nichts getan hatten), regte das auf, mich nicht. Wozu reist man, wenn nicht, um nachsichtiger zu werden? Wenn zu Hause nach Mitternacht ein zerlumpter Alter unter dem Schlafzimmerfenster in einer unverständlichen Sprache Selbstgespräche führt, ist das eine Störung der öffentlichen Ruhe; auf einer Reise ist es eine Abwechslung.

In Schiras steigen die beiden Schweizer im Hotel
Send ab. Ist das das Sand Hotel in der Dehnadistraße,
wo, wenn ich dem letzten Kommentar auf Tripadvisor
glaube, »alle Laken schmutzig und voller Haare sind
und das Personal unfreundlich«? In dieser »erlesene[n],
stille[n] Stadt, wo es nach Zitronen duftet, wo man das
schönste Persisch von Persien spricht, wo man die ganze
Nacht das leise plätschernde Wasser hört und der Wein
einem leichten Chablis gleicht, veredelt durch einen
langen Aufenthalt unter der Erde«[1], ist Bouvier glücklich: »Die Sternschnuppen regneten auf den Hof herab,
aber so eifrig ich auch suchte, ich konnte nichts wün-
schen als das, was ich schon besaß.«[2]

Wenn er heute wiederkäme, wäre er vielleicht enttäuscht. Schiras, eine stille Stadt? Tagsüber macht der
Verkehr gewaltigen Lärm. Ein Duft nach Zitronen? Es
riecht eher nach Abgasen. Die bekannte Rebsorte, die
ihr den Namen verdankt? Verboten, den Wein zu pro-
duzieren und zu trinken.

Aber es gibt die Gärten.

Allein der Eram-Garten ist einen Besuch in Schiras
wert. Seine Palmen, Zypressen, Rosen, die Springbrunnen. Der Pavillon, der auf die Kadscharen zurückgeht.

1   Bouvier, S. 252.
2   Bouvier, S. 253.

Die Katzen. *Eram* heißt »Paradies« auf Persisch. Wenn das das Paradies ist, wird der Gedanke an den Tod gleich etwas heiterer.

Aber es gibt den Basar.

Über den iranischen Basar spricht immer noch ein Pole am besten: »Die ersten Schiiten, die in den Iran kamen, waren Stadtbewohner, kleine Kaufleute und Handwerker. Sie schlossen sich in Gettos ein, wo sie ihre Moscheen neben den Verkaufsständen und Läden errichteten. Der Moslem muss sich vor dem Gebet einer Waschung unterziehen, daher wurden hier auch Bäder eingerichtet; und weil er nach dem Gebet gern seinen Kaffee oder Tee schlürft oder eine Kleinigkeit isst, gibt es auch Restaurants und Kaffeehäuser. So entsteht ein Phänomen der iranischen Stadtlandschaft – der Basar (dieser Begriff steht für jenen bunten, mit Gedränge und Lärm erfüllten, mystisch-wirtschaftlich-gastronomischen Ort). Wenn einer sagt: ›Ich gehe zum Basar‹, bedeutet das nicht, dass er ein Einkaufsnetz mitnehmen muss. Zum Basar kann man gehen, um dort zu beten, seine Freunde zu treffen, Geschäfte abzuschließen, im Kaffeehaus zu sitzen. Man geht hin, um die neuesten Gerüchte zu hören oder an einer Versammlung der Opposition teilzunehmen.«[1]

1  Ryszard Kapuściński, *Schah-in-Schah. Eine Reportage über die Mechanismen der Macht, der Revolution und des Fundamentalismus,* deutsch von Martin Pollack, Eichborn, Frankfurt am Main, 1986/2006, S. 108.

Wenn der Basar streikt, bekommt die Wirtschaft einen Schnupfen und das Regime niest. 1978 blieb der Basar in Teheran mehr als drei Monate geschlossen. Wenn die Basarhändler Khomeini nicht unterstützt hätten, wäre der Schah vielleicht auf seinem Thron geblieben. Als ich nach Schiras kam, hatten die Basare des Landes gerade einen Generalstreik hinter sich. In Isfahan waren die Gänge des Basars menschenleer gewesen. Kein Händler, kein Kunde, nur die Revolutionsgarden, die mit einer Spraydose in der Hand patrouillierten und »Vaterlandsverräter« auf die Metallgitter schrieben. Nach drei Tagen hatten die Stände wieder aufgemacht. Aber die Macht fühlte sich durch den Basar mehr denn je bedroht: Er ist imstande, die Macht ins Wanken zu bringen.

Auch ich fühle mich von Basaren bedroht. Allmählich kenne ich mich damit aus. Auf dem Basar bin ich ein Schwächling. Ich kann nicht Nein sagen. Ich bin der Typ, der sich von einem Teppichhändler zum Tee einladen lässt, damit er mir seine Produktion vorführt und mir schwört, dass ich Teppiche von dieser Qualität nirgendwo sonst fände, am wenigsten beim Konkurrenten gegenüber, der mir eben geschworen hat, dass ich Teppiche von dieser Qualität nirgendwo sonst fände. Ich bin der Typ, der sich vom Teppichhändler zu seinem Bruder mitschleppen lässt, »der über eine einzigartige, seit sieben Generationen vom Vater auf den Sohn weitergegebene Handwerkskunst verfügt«. Er hat seinen Stoffladen in einem verrauchten Hinterhof, direkt neben einem Schmuckhändler, der sogar den Inuit Eis, dem Teufel Feuer und den Saudis Erdöl verkaufen könnte. Ich bin der Typ, der zwei Stunden später schwer bepackt den Basar verlässt, in der Papiertüte ein Tischtuch mit traditionellen Motiven, in den Armen einen handgeknüpften Teppich aus Belutschistan und am Finger einen mit Lapislazuli verzierten Silberring – genau so war es mir auf dem Basar von Isfahan ergangen. Seither betrat ich Basare nur widerwillig. Besonders den Vakil-Basar von Schiras, wo ich, der ich eigentlich auf Reisen alles Überflüssige loszuwerden suche, am liebsten alles gekauft hätte. Beim Schlendern durch den Basar verspürte ich die sehr bürgerliche Lust auf ein Ferienhaus, dicke Teppiche vor einem Kaminfeuer und ein Tafelservice (von wegen Abenteurer).

Aber es gibt das Grabmal von Hafis.

Schiras ist als Stadt der Dichter ebenso berühmt wie der ganze Iran als Land der Dichter.[1] Ja, es gibt einige Romanautoren, es gibt natürlich Iraj Pezeshkzad und Négar Djavadi und Azar Nafisi und Zoya Pirzad. Und dann gibt es Sadegh Hedayat, der die Welt und sich

---

[1] Bouvier, S. 136: »Das iranische Volk ist das poetischste der Welt, und die Bettler von Täbris können die Verse von Hafis und Nisami, die von Liebe, von mystischem Wein, von Maiensonne in den Weidenbäumen singen, zu Hunderten auswendig.«

selbst mit einem erbarmungslos klaren Blick betrachtete. Hedayat, der an Pessoa erinnert, also an einen Kleinbürger, dessen Prosa jedoch weder klein noch bürgerlich war; Hedayat, der die lyrische Poesie und die bärtigen Turbanträger schmähte, der in einer Sprache ohne Romantradition den Roman erfand, der *Die blinde Eule* und *Drei Tropfen Blut* schrieb, der von sich sagte, er sei »weder von hier noch von anderswo; von hier vertrieben, dort nicht angekommen«, der Ende 1950 dennoch in Paris ankam und von Mansarde zu Dachboden irrte, bevor er in der Rue Championnet das Gas aufdrehte, dreihundert Meter von meiner Wohnung entfernt – und jedes Mal, wenn ich dort vorbeigehe, denke ich daran.

Es gibt Romanautoren. Aber auch Dichter. Vor allem gibt es Dichter. Es gibt Ferdausi, Saadi, Chayyam, Nezami, Rumi, Dschami und näher an unserer Zeit Yadollah Royaee, Sohrab Sepehri und Forugh Farrochzad, eine Dichterin, die von Liebe, von Begehren und von Küssen sprach, und das in einem Land, wo die Liebe, das Begehren und die Küsse der Frauen totgeschwiegen wurden. Und Hafis. Den Dichterfürsten. Den Nationaldichter. Sein Name klingt im Iran, wie für uns der von Baudelaire, aber er ist lyrischer, mystischer als Baudelaire, ein Baudelaire, der den Koran auswendig gekannt und nur *Ghaselen* geschrieben hätte. Bouvier hatte ein Ghasel in Persisch auf die linke Tür seines Autos schreiben lassen:

Und ist auch dein Lager nicht sicher
dein Ziel auch noch fern,
wisse, es gibt keinen Weg
ohne Ankunft.
Gräme dich nicht.

Es gibt im Iran keinen Iraner, der nicht wenigstens ein
paar Verse von Hafis kennt. Keinen Iraner, der nicht
irgendwann *Der Diwan* aufgeschlagen hätte. Hafis, so
sagen die Iraner, spricht die *Sprache des Unsichtbaren.* In
den Versen dieses vor mehr als sechs Jahrhunderten ge-
storbenen Dichters suchen sie Antworten auf ihre exis-
tenziellen Fragen. Am Grab von Hafis sorgte sich ein
Mann, der in meinem Alter sein mochte, um den Ruf
seiner Landsleute bei den Ausländern: Ob es wahr sei,
fragte er mich, dass in meiner Heimat die Iraner als ge-
fährliche Terroristen gälten? In diesem Punkt beruhigte
ich ihn.

Er sagte mir seinen Vornamen, Hamreza, und als er
sah, wie ich ihn in meinem Telefon notierte, korrigierte
er mich sogleich:

»*No, no, I'm Reza.*«

»Nice to meet you«, sagte ich, »François.« (Ich er-
sparte ihm Henri, das Leben im Iran ist so schon schwie-
rig genug.)

Reza träumte davon, nach Frankreich zu reisen, er
nahm sogar Sprachkurse. Zum Beweis holte er *Café
crème* aus seinem Rucksack, ein Lehrbuch zur Einfüh-

rung ins Französische, und schlug es bei einem beliebigen Kapitel auf, das »Besuch zu Hause« hieß. Es begann mit einem banalen Dialog zwischen zwei Lyonern in jener etwas einfältigen, rudimentären Sprache, die man in Sprachlehrbüchern für Anfänger findet:

»Ich beende die Arbeit um fünf Uhr dreißig. Bist du im Theater?«

»Ja. Hast du meine Adresse?«

»Äh … Nein.«

»Ich wohne in der Rue de Brest. Das ist nicht weit. Du gehst den Quai des Célestins nach rechts hinunter, immer geradeaus. Biege nach rechts in die Rue de l'Ancienne Préfecture. Dann gehst du nach links in die Rue de Brest. Ich wohne Nummer …«

»Verrückt!«, sagte ich. »Lyon, Rue de Brest, Nummer 22 …«

Dort hatte ich ein Jahr lang gewohnt. Gegenüber der Buchhandlung Passages, aus der ich jeden dritten Tag mit einem Stapel Bücher unter dem Arm herauskam! Dort hatte ich sogar das geschrieben, was mein erster Roman werden sollte. Meine alte Adresse in einem Lehrbuch für Ausländer! Ich konnte es nicht fassen. Wenn es nach Wahrscheinlichkeit ginge, wäre die Chance größer, den Obersten Revolutionsführer vor seinen Mullah-Freunden nach dem Freitagsgebet sein Coming-out verkünden zu hören.

»Unglaublich«, wiederholte ich. »Wirklich unglaublich … Unglaublich … Unglaublich.«

Reza hielt mich für verrückt. Er nahm mir das Buch aus der Hand, verabschiedete sich und ließ mich allein vor dem Grabmal des Dichters zurück, wo ich mir fest vornahm, bei meinem nächsten Besuch in Lyon bei Passages vorbeizugehen und *Der Diwan* zu kaufen.

In Isfahan hatte man mir erklärt, die Bewohner von Schiras seien die größten Faulpelze des Landes. In Schiras versicherte man mir, die von Isfahan seien bekannt dafür, sparsam, wenn nicht gar geizig zu sein. Zu den Leuten in Isfahan kann ich nichts sagen, aber das Schweizer Paar, das ich am Vortag getroffen hatte… Die beiden waren zehn Monate zuvor in Genf gestartet und machten eine Asienreise mit dem Fahrrad und der einzigen Obsession, so wenig Geld wie möglich auszugeben. Unterwegs schliefen sie in ihrem Zelt, in der Stadt in der billigsten Herberge, um deren ohnehin lächerlichen Preis sie hartnäckig feilschten. Sie hatten die Volksabstimmungen mit der Muttermilch aufgesogen, waren an Konsens gewöhnt und von einem gemächlichen Humanismus geprägt, deshalb hatten sie Mühe, die Aufstände zu begreifen, die das Land erschütterten. Getreu dem Prinzip der Neutralität, das bei ihnen herrschte, hüteten sie sich wohlweislich, Partei zu ergreifen. Schließlich hatten die Mullahs wohl auch ihre Gründe… Immerhin hatte dieser ganze Rummel auch sein Gutes: Der Mangel an Touristen verlieh ihnen eine Position der Stärke, um die Preise der Herbergswirte zu

In Schiras vor der Zitadelle.

drücken und hier einen, da zwei Toman herauszuschla-
gen. Ihre schönste Reiseerinnerung? Sie hätten so viele,
dass es ihnen schwerfiele, mir eine zu nennen. Ich ver-
dächtigte sie allerdings, dass sie zu geizig waren, um sie
mit mir zu teilen. Aus Sparsamkeitsgründen verzichte-
ten sie auf Museen. Um die Moscheen zu besichtigen,
ohne Eintritt zu bezahlen, gaben sie sich als Muslime
aus, die zum Gebet kamen. Es blieben die Sehenswür-
digkeiten, an denen man wohl oder übel sein Geld raus-
rücken musste. Drei Tage zuvor hatten sie Persepolis be-
sichtigt: eine Million Rial pro Person! Eine Million!
Das war alles, was sie in Erinnerung behielten. Eine
Million Rial, können Sie sich das vorstellen? Was für
eine Summe. Sie entspricht drei Euro.

## Straße nach Jasd

Einer, der nicht aufs Geld schaute, war Dareios I. Man
muss sich nur die Grabstätte in Naqsch-e Rostam ansehen, die er noch zu seinen Lebzeiten errichten ließ.
Sie ist in den Felsen gegraben und trägt eine Inschrift in
drei Sprachen, Parthisch, Sassanidisch und Griechisch,
damit man nicht so leicht vergisst, mit wem man es
zu tun hatte: »Ich bin Dareios der große König, König
der Könige, König der Länder, Herr über viele Völker,

König dieses großen und weiten Landes«, und so weiter. Es folgt eine erschöpfende Liste der Länder, über die er geherrscht hat. Manche sind uns vertraut (Indien, Arabien, Armenien, Libyen, Äthiopien, Ägypten), andere weniger, aber sie sind lustig (das Land der Skythen mit den spitzen Mützen, das Land der Ionier fern vom Meer), wieder andere sagen uns nichts (Sattagydien?, Arachosien?), sie haben nicht mal einen Wikipedia-Eintrag. Da sieht man, wie weit sich sein Reich erstreckte.

Wer vom Reich spricht, spricht von der Hauptstadt des Reichs: Persepolis, 521 vor unserer Zeit erbaut, kaum sechs Kilometer von Dareios' Grab entfernt. Zwei kurze Jahrhunderte, bis sie von Alexanders Armee verwüstet wurde. Nach dem Durchmarsch des Mazedoniers war bis auf die Steine alles verbrannt. Heute gibt es nur noch Mauerreste mit Basreliefs, Statuen, eine riesige Treppe und monolithische Säulen, die vor zweitausendfünfhundert Jahren gold- und silberbelegte Holzdecken trugen, unter denen Menschen schliefen, die wie wir Wein tranken, in Äpfel bissen, auf Pferden ritten, sich an einer wohlgeformten Schulter oder der Rundung eines Busens ergötzten, miteinander schliefen, unter der Mondsichel träumten, starben.

Und »der erhabene Friede, der Friede auf ewig verlassener Welten ruht über diesen Frühlingswiesen, die im Lauf der Zeit Zeugen wurden von sardanapalischem Prunk, Feuersbrünsten, Metzeleien, dem Aufmarsch der Heere und dem Taumel großer Schlachten«.[1] Wozu soll ich über Dareios' Stadt schreiben. Pierre Loti hat es schon getan und viel besser. Auf dem Rückweg von Indien besucht er 1900 Persepolis und widmet der Stadt so funkelnde Seiten, dass man keine einzige Zeile hinzufügen mag. Eines aber gibt es, worüber Loti nicht schreiben konnte: eine Inschrift am Eingang von Persepolis, auf dem Tor der Nationen.

## F. W. GRAF SCHULENBURG
### 1926 * 1930 * 1931

Lange Zeit hatten viele von den majestätischen Ruinen angelockte Reisende den eitlen Wunsch, eine Spur zu hinterlassen. Der Stein ist dauerhafter als der Mensch. Sie ritzten ihre Namen hinein. Die meisten Namen sagen heute niemandem etwas. »St. Rt. Willock« zum Beispiel, der 1810 den Stein mit dem Meißel bearbeitet hat, um seinen Namen zu hinterlassen, begleitet von dem Spruch »*Death or Glory*«. Der Ruhm hat ihn verschont, nicht aber der Tod. Aber da ist F. W. Graf Schulenburg, und das ist nicht irgendwer – das war ein hohes Tier, eine große Nummer der Geschichte: Friedrich-Werner Graf von der Schulenburg, Botschafter Deutschlands in

---

1 Pierre Loti, *Nach Isfahan,* deutsch von Dirk Hemjeoltmanns, Manholt, Bremen 1996, S. 113.

Persien von 1922 bis 1931. Dass ihm die Nachwelt heute mehr Gunst erweist als dem armen Willock, liegt nicht an den drei Besuchen, die er Persepolis abgestattet hat, auch nicht daran, dass er danach Botschafter in der UdSSR war, bis die Wehrmacht das Land überfallen hat, nein. Er war einer der Anführer der Operation Walküre, des gescheiterten Attentats auf Hitler im Juli 1944. Schulenburg wurde verhaftet, des Hochverrats angeklagt, zum Tode verurteilt und in seinem Gefängnis in Berlin gehängt. Wer weiß, ob nicht in tausend Jahren von ihm nur drei Jahreszahlen unter einem von der Zeit fast ausgelöschten Namen bleiben werden, eingraviert in die Ruinen eines Palastes, der fünfunddreißig Jahrhunderte zuvor in Schutt und Asche gelegt wurde?

*

Abarkuh, auf dem Weg nach Jasd. Bouvier schreibt Abaghou, die Engländer schreiben Abarkooh und die Verkehrsschilder Abarkuh. Man sollte sich vielleicht mal einigen. Abarkuh hat den schönsten Windturm des Irans, den jeder Iraner kennt, weil er auf dem Zwanzigtausend-Rial-Schein abgebildet ist. Doch Abarkuh verdankt die wenigen Besucher vor allem seiner Zypresse: Viertausendfünfhundert Jahre ist sie alt. In ihrem Schatten haben sich Achämeniden und Parther, Sassaniden in Tunika, Omajaden in Schnabelschuhen, Timuriden mit Turban, Safawidinnen im Tschador und zwei reisende Schweizer ausgeruht.

89

Als ich am späten Nachmittag in die Stadt kam, machte die Sonne wieder einmal dem Mond Platz. Die Zypresse hatte sich daran gewöhnt, ich hingegen – verrückt, ja –, ich brauche angesichts eines blauen Himmels, der sich hinter einem viereinhalbtausend Jahre alten Baum rot färbt, nichts anderes, um mich über das Leben zu freuen. Fügt man dem noch ein bisschen Musik hinzu ... Nicht weit von der Zypresse entfernt zupfte ein junger Iraner mit ausgewaschenen Jeans, Rollkragenpullover, Fliegerbrille mit gelben Gläsern und Elvisfrisur die Saiten einer Gitarre. Er sang *Baraye*. Und um in der Öffentlichkeit *Baraye* zu singen, musste man was in den ausgewaschenen Jeans haben, denn für *Baraye* konnte man ins Gefängnis kommen. Das Lied ist von Shervin Hajipour, einem R'n'B-Sänger, der durch eine iranische Superstar-Show berühmt geworden ist. Zehn Tage nach dem Tod von Mahsa Amini hatte er es in seinem Zimmer komponiert und auf seinem Instagram-Account veröffentlicht. Achtundvierzig Stunden und vierzig Millionen Aufrufe später wurde er verhaftet und das Video gelöscht, aber Millionen Iraner kannten es auswendig und verbreiteten es bei weit geöffneten Fenstern – es war zu einer Hymne an die Freiheit geworden, ein echter Hit, der zertifizierte Song des Ich-scheiß-auf-die-Islamische-Republik, und an jenem Tag, gesungen von einem persischen Elvis neben dem ältesten Baum Persiens, konnte *Baraye* auch die Hartherzigsten zum Weinen bringen.

## Jasd

Die Hälfte des Jahres erdrückt einen hier die Hitze, aber seit dreitausend Jahren haben die Menschen in Jasd das Mittel dagegen gefunden: den Mittagsschlaf. Kaum ist es Mittag, sind die Straßen menschenleer: Jeder ist zu Hause, unter den flachen Dächern der Stampflehmhäuser, die von den *bâdgirs* gekühlt werden, den Windtürmen, gewaltigen Schloten mit senkrechten Schlitzen, die den Wind »fangen« und ihn zirkulieren lassen. Punkt siebzehn Uhr beleben sich die Straßen, herrscht wieder reges Treiben. Im Winter wird es um siebzehn Uhr sieben dunkel, aber das Leben geht weiter.

Auf dem Vorplatz der Amir-Tschachmagh-Moschee bekundeten etwa zwanzig von ihren Müttern im Tschador begleitete Knirpse ihre Ergebenheit für das Regime, indem sie inbrünstig iranische Fahnen und Porträts von Ajatollah Khamenei schwenkten. Die Kameras des Staatsfernsehens ließen sich nichts von der kleinen Inszenierung entgehen. Die Demonstrationen? Von Amerika und dem infamen Regime in Israel angezettelter Aufruhr. Die Aufrührer? Eine Handvoll Randalierer, die rasch zermalmt würden. Stärker denn je zeigte das iranische Volk seine Verbundenheit mit dem Obersten Führer und der Islamischen Republik: Man brauchte nur all die Kinder auf dem Platz der Amir-Tschachmagh-Moschee in der schönen Stadt Jasd zu sehen. So begannen die Fernsehnachrichten.

*

Zu einem unbekannten Zeitpunkt – zwischen tausend
und zweitausend vor Christus –, an einem unbekannten Ort – irgendwo im Norden oder Osten des Irans –
wurde Zarathustra geboren. Wenn er nicht nur eine
mythologische Figur ist, wenn er tatsächlich existiert
hat, kennt man von seinem Leben nur Fetzen, ein paar
vereinzelte und mit Vorsicht zu genießende Fragmente.
Aber man weiß, dass er den Zoroastrismus begründete,
bis 651 die offizielle Religion des Reichs. Mit der Ankunft des Islam wurden die Zoroastrier zwangskonver-
tiert, ihre religiösen Orte und Heiligtümer geplündert.
Heute sind es im Iran wohl weniger als vierzigtausend.
Eine *Quantité négligeable:* Die Islamische Republik erlaubt ihnen, ihre eigenen religiösen Riten zu praktizie-
ren. In einem Tempel in Jasd brennt hinter einer Glas-
scheibe in einer Bronzeschale ein heiliges Feuer, das vor
mehr als tausendfünfhundert Jahren entzündet wurde.
Es ist nie erloschen. Nicht ein Mal in fünfzehn Jahrhunderten. Priester halten die Flamme mit Pflaumenholz
am Brennen. Täglich ziehen Männer und Frauen ihre
Schuhe aus und beten schweigend die Flamme an. Das
ist von einer Schönheit, die einen abheben lässt, und
tatsächlich schwebte ich ein wenig.

Ihnen, den Anhängern von Zarathustra, sind auch die
»Türme der Stille« zu verdanken. Man findet sie auf

den Höhen, in den Vororten der Stadt: Jahrhunderte-
lang überließ man dort die Leichname den Aasgeiern.
So konnte das unreine Fleisch verrotten, ohne das Wasser, die Erde oder das Feuer zu beschmutzen. Aber die
himmlischen Begräbnisse waren nicht nach dem Geschmack der Schiiten, die sie *barbarisch* fanden. Die
Islamische Republik setzte der Praxis ein Ende. Seitdem begraben die Anbeter der vier Elemente ihre Verstorbenen.

*

Im Allgemeinen laufen Visa für den Iran nach einem
Monat ab, aber eine Verlängerung vor Ort ist möglich.
Der Ärger ist, dass man sich mit der iranischen Büro-
kratie auseinandersetzen muss. Lange Zeit hieß es, das
Visabüro von Täbris sei ausländischen Reisenden gegenüber besonders entgegenkommend. Dann war es das
von Schiras, dann das von Isfahan. Heute steht das
Visabüro von Jasd hoch im Kurs, und die Touristen
nehmen ihren Aufenthalt in der wunderbaren Stadt
zum Anlass, um ihr Visum zu verlängern.

Zunächst einmal müssen Sie das Büro finden. Es ist
ein gelbes Ziegelgebäude im Süden der Stadt, in dem
Sie am Eingang gebeten werden, Ihr Telefon abzugeben.
Dann müssen Sie sich nur noch mit Geduld wappnen
und warten, bis Sie an der Reihe sind. Ein schnurrbär-
tiger Polizist, der die Achtung seiner Amtskollegen ge-
nießt, weil er Englisch spricht, informiert Sie schließ-

lich, dass er 1. Passfotos und 2. eine Kopie des Passes
braucht. Dachten Sie, man könne das vor Ort erledi-
gen? Sie haben sich getäuscht. Aber an der nächsten
Straßenecke, so erklärt es der Polizist, gibt es einen
Fotografen, der für ein paar Toman Passfotos machen
kann. Sie verlassen die Polizeistation, gehen zur Stra-
ßenecke: kein Fotograf. Sie laufen bis zur nächsten
Straße: immer noch nicht. Und wenn es in die andere
Richtung war? Sie machen kehrt. Aber in der anderen
Richtung ist auch nichts. Sie kommen in die Polizeistation zurück, um nach genaueren Angaben zu fragen.
Der Fotograf befinde sich durchaus an der nächsten
Straßenecke, bloß habe er sein Studio im Untergeschoss
einer Bank. Sie gehen also zur Bank und kommen mit
sechs Passfotos und zwei Fotokopien des Passes zurück.
Aber Sie bräuchten auch einen Zahlungsbeleg des Hotels, belehrt Sie der schnurrbärtige Polizist jetzt. Sie gehen wieder ins Hotel und kommen mit einem ord-
nungsgemäß gestempelten rosafarbenen Blatt zurück.
Aber der schnurrbärtige Polizist ist nach Hause gegangen, er wird nicht vor dem Spätnachmittag zurück sein.
Sie kommen am Spätnachmittag zurück: Das Büro ist
geschlossen.

Am nächsten Morgen gehen Sie gleich um acht Uhr
wieder hin, um sich die Warteschlange vom Vortag zu
ersparen. Aber da ist es schon ganz voll mit Afghanen,
die bereits um sieben Uhr fünfundfünfzig aufgekreuzt
sind, um sich die Warteschlange vom Vortag zu erspa-

ren. Glücklicherweise hat der schnurrbärtige Polizist Sie wiedererkannt und winkt. Na, alles klar, haben Sie die nötigen Dokumente? Gut. Sein Vorgesetzter möchte Sie sehen. Er habe ein paar Fragen. Sie werden ins obere Stockwerk geführt, wo sich die Büros befinden. In einem Büro, das größer ist als die anderen, erwartet Sie ein üppiger als die anderen betresster Polizist, der Sie mit einer Handbewegung auffordert, ihm gegenüber auf dem Sofa Platz zu nehmen. Er schweigt lange Sekunden, lässt die Fingergelenke knacken und wirft Ihnen einen argwöhnischen Blick zu – vielleicht will er Sie einschüchtern, allerdings sitzt er hinter einem dieser Lehrerpulte aus Eichenholz, mit Schubladen und Unterbau, die die Taille und die Beine verbergen, nicht aber die Füße: Die seinen stecken in Badelatschen. Was kann einem ein Polizist in Badelatschen für Angst einjagen?

»Wer wird Ihrer Ansicht nach Weltmeister?«

Das ganze Theater, um die Stille dann mit einer Frage zu brechen, auf die Sie nicht vorbereitet waren. Eine Stunde später – und trotz divergierender Ansichten (er neigt zu Brasilien, Sie sind für Frankreich, natürlich für Frankreich) – ist das Visum verlängert: Sie können im Iran bleiben, und zwar für lange.

*

In Jasd gibt es viele Afghanen. Sie sind hier in aufeinanderfolgenden Wellen gestrandet: Da sind diejenigen, die 1979 vor dem Einmarsch der Sowjets geflohen sind, diejenigen, die 1996 vor der Ankunft der Taliban geflohen sind, diejenigen, die 2001 vor dem Einmarsch der Amerikaner geflohen sind, diejenigen, die seit letztem Jahr vor der Rückkehr der Taliban geflohen sind, und diejenigen, die schon immer vor dem Elend fliehen. Allmählich werden es ziemlich viele. Die meisten haben keine Papiere, wohnen in den heruntergekommenen Häusern der Altstadt, versuchen, nicht aufzufallen, weil sie die Festnahme fürchten, und leben dürftig von Hungerlöhnen für kleine Jobs, die die Iraner nicht machen wollen. Die Islamische Republik schaut bei dieser illegalen Einwanderung nicht allzu genau hin. Für die Iraner sind die Afghanen nämlich, wie mir Habib in Teheran erklärt hatte, was die Mexikaner für die Amerikaner sind: billige und leicht auszubeutende Arbeitskräfte.

Viele von ihnen tragen die *kurta,* ein weites Hemd, das bis knapp oberhalb des Knies reicht. Aluk, dem ich in der Warteschlange vor dem Visabüro begegnet war, fiel durch seine Kleidung aus dem Rahmen: schwarzer Anzug, weißes Hemd, Ledermokassins, Pierre-Cardin-Gürtel und eine Rolex am Handgelenk – vielleicht war sie sogar echt. Wir hatten ein paar Worte gewechselt, unsere Telefonnummern getauscht und uns für denselben Abend in einem Restaurant der Altstadt verabredet.

Aluk entstammte der Minderheit der Hazara, einer lange in Sklaverei gehaltenen Ethnie, die vor allem in den Hochtälern des Hindukusch lebt und einen persischen Dialekt spricht. Als Schiiten inmitten von Sunniten werden die Hazara vom Islamischen Staat und von den Taliban verfolgt, die sie als Ketzer ansehen. Weil er Hazara war, hatte Aluk sechs Monate im Gefängnis gesessen, bevor er in den Iran floh, den er kannte, weil er dort studiert hatte. Was? Theologie. Aluk war Mullah. Er kannte den Koran auswendig und konnte stundenlang mit einer schönen Countertenor-Stimme Suren rezitieren. Seine Verlobte lebte in der Schweiz, seit vier Jahren hatte er sie nicht mehr gesehen, aber er sprach sie jeden Tag. Er trank nicht, rauchte nicht, aber er vögelte. Und wie er vögelte. Und er war nicht unzufrieden, das irgendjemandem anzuvertrauen.

»Warte mal«, sagte ich. »Widerspricht das nicht den Prinzipien des Islam?«

»Keineswegs!«, rief Aluk. »Ich mache immer eine *sigheh!*«

Die *sigheh:* eine Ehe auf Zeit, mit Verfallsdatum – nach einer Stunde, zwölf Stunden, zehn Jahren … Die Idee ist, sexuelle Beziehungen außerhalb der traditionellen Ehe zu beschränken. Der Vorteil besteht darin, dass man Sex haben kann und dabei im Rahmen des Gesetzes bleibt. Das Lästige daran ist, dass man, um eine *sigheh* zu bekommen, ein Treffen mit einem Mullah erbitten muss. Das bedeutet, Schuhe anziehen, zur Moschee gehen, Schuhe ausziehen, die Erlaubnis eines bärtigen Turbanträgers erbitten, die Schuhe wieder anziehen. Ich kenne Leute, denen die Lust schon vergeht, wenn sie nur die Kondomverpackung öffnen. Hier dagegen... Allerdings erledigte Aluk diese einschränkende Formalität gleich selbst: Wozu die Zustimmung eines Mullahs einholen, wo er doch selbst einer war? Jedes Mal, wenn ihn die Lust auf Sex überkam, gab er sich feierlich die Erlaubnis, es zu tun. Wunderbare Geschmeidigkeit der schiitischen Moral.

In Jasd, wo er seit sechs Monaten lebte, schien Aluk jeden zu kennen und jeder schien ihn zu kennen. Selbst die Polizisten grüßten ihn. Eines Abends sagte er mir, ich müsse unbedingt einen afghanischen Schriftsteller kennenlernen, der hier wohne und der in seinem Land als überzeugter Atheist bekannt sei, weshalb ihm die Taliban das Leben so schwer machten, dass er ins Exil habe gehen müssen. Wir gehen zu dritt Kaffee trinken; der Schriftsteller, ein Knirps mit hoher Stimme, spricht so gut Englisch wie ich Farsi, zum Glück ist Aluk bei uns und dolmetscht. So erfahre ich, dass der Knirps ein begeisterter Leser von Sartre, Deleuze und Foucault ist und auf seiner Facebook-Seite fünfzigtausend Follower hat (ich habe Mühe, mir vorzustellen, wie Sartre oder Deleuze oder Foucault sich rühmen, fünfzigtausend Follower auf Facebook zu haben); so erfahre ich auch, dass er in Jasd der Erste war, der an Corona erkrankte (er sagt das so, wie man sich einer Heldentat rühmen würde) und lange Zeit im Krankenhaus verbrachte, wo Hassan Rohani, der ehemalige iranische Präsident, per-

sönlich an seinem Krankenbett vorbeikam (ich habe
Mühe, mir den Präsidenten der Islamischen Republik
mitten in der Pandemie am Bett eines Corona-Kranken
vorzustellen); schließlich erfahre ich, dass er diesen und
jenen kennt, aber auch diesen und jenen anderen, und
dass er die Telefonnummern der Großen dieser Welt
besitzt und das Ohr der Mächtigen (er erinnert mich an
jene Kurtisanen am Hofe von Versailles, die sich brüs-
teten, dass sie die Fürze des Königs riechen konnten).

An einem anderen Abend wollte Aluk mich seinen
Hazara-Freunden vorstellen. Seine Hazara-Freunde:
Mullah-Novizen, die in einer Madrasa, einer Koran-
schule, Theologie studierten. Sie hießen Mushtaq, Abul
und Qasim, waren achtzehn bis zwanzig Jahre alt und
schliefen in einem Schlafsaal mit zwanzig Doppelstock-
betten, die um schwere Teppiche herumstanden, auf
denen man sich im Schneidersitz niederlässt. Man
trinkt Tee, spricht von Khamenei, dessen Porträt an
eine Wand gepinnt ist: Abul und Quasim verehren ihn
und denken, dass er recht getan habe, den *Aufrührern*
zu zeigen, wo es langgeht, Mushtaq findet, dass man
Religion und Staat trennen solle und dass der Oberste
Führer ein Idiot sei. Die ersten beiden verstehen nicht,
warum die iranischen Frauen demonstrierten – schließlich würden sie gegenüber den Afghaninnen unfassbare
Freiheiten genießen: Sie könnten arbeiten, zur Schule
gehen und müssten keine Burka tragen, worüber beklagten sie sich? Mushtaq wiederum versteht Abul und

Qasim nicht: Die Demokratie sei mit dem Islam verein-bar, und der Oberste Führer, so wiederholt er, sei ein Idiot. Mushtaq ist ganz entschieden ein aufgeklärter Mullah. Alle drei würden gern Ajatollah werden, denn Ajatollah, so sagt Mushtaq, ist so wie Mittelstürmer bei PSG oder bei Barça: Man ist ein Star. Nicht des Fuß-balls, aber des schiitischen Klerus. Jedem seinen Sport. Dieser hier erfordert zehn Jahre Studium, zehn Stunden täglich: Unterricht in islamischem Recht, Koran-Exe-gese, Hadith-Unterricht (die mündlichen Äußerungen des Propheten), *kalâm*-Unterricht (die Suche nach theo-logischen Prinzipien mittels Dialektik und rationaler Argumentation) und so weiter. Und natürlich die Ge-bete, und weil Allah groß ist, aber den Magen nicht füllt, verbringen unsere drei Freunde einen Teil der Nächte im Keller in einer heimlichen Werkstatt, in der sie bunte Handtaschen herstellen, die danach auf dem Basar verkauft werden.

»*You have a girlfriend?*«, erkundigt sich Abul.

Und er schenkte mir eine Stofftasche für sie, mit der ich nachts durch die Straßen von Jasd irrte.

Jasd bei Nacht.

# Kerman

»Vor hundertfünfzig Jahren«, schreibt Bouvier, »war Kerman für seine Schals und seine Blinden berühmt – der erste Kadscharen-Kaiser hatte zwanzigtausend Einwohnern die Augen ausstechen lassen.«[1] Er hieß Agha Mohammad Khan. Als er Lotf Ali Khan gefangen nahm, den »ritterlichste[n] von allen Königen Persiens«, stach er ihm eigenhändig die Augen aus. Und weil Kerman seinen Rivalen beherbergt hatte, befahl Agha Mohammad Khan, dass man *alle* männlichen Einwohner der Stadt töte oder blende: Man stellte sie in Reihen auf, den Erwachsenen wurden die Köpfe abgeschlagen, den Kindern die Augen ausgerissen, und vor dem neuen Schah wurde eine Pyramide aus vierzigtausend Augäpfeln errichtet. Binnen neunzig Tagen wurde Kerman dem Erdboden gleichgemacht. Daraufhin sah man Horden von kleinen blinden Habenichtsen, die über die Landstraßen zogen und in der Wüste strandeten, wo sie verdursteten, oder in Dörfern, in denen ihr Zustand sie zwang, zu betteln und dabei die Geschichte der Verwüstung ihrer Stadt zu erzählen.[2] Heute ist die Stadt Kerman vor allem bekannt dafür, eine Niete im

---

1  Bouvier, S. 271.
2  Ryszard Kapuściński widmet dem Grauen, das im Jahre 1794 die Stadt Kerman traf, ein paar Seiten in *Schah-in-Schah. Eine Reportage über die Mechanismen der Macht, der Revolution und des Fundamentalismus,* siehe Anmerkung S. 78.

Fußball zu sein. Ihre Mannschaft ist auf die letzten Ta-
bellenplätze abonniert, steigt regelmäßig in niedrigere
Ligen ab, und in der Liste der Meistertitel sucht man
ihren Namen vergeblich. In dieser Saison errang der
Verein von Kerman in zwölf Spielen nur zwei Siege bei
nur sieben erzielten Toren. Der Trainer versteifte sich
auf ein ultra-defensives Spielsystem, ein unproduktives
und langweiliges 5-4-1. Ein langjähriger Fan versicherte
mir, man wäre besser blind, als *das* zu sehen.

Einstweilen aber: Platz für die WM. In Katar traf der
Iran auf die USA und hatte den Schlüssel zu einer Qua-
lifizierung für das Achtelfinale in der Hand. Die Amerikaner mussten siegen, die Iraner ein Unentschieden
erreichen und ich einen Ort finden, um das Spiel zu
sehen. Sport: die Fortführung des Krieges mit anderen
Mitteln. Die Weltmeisterschaft, ein Entscheidungsspiel,
zwei Länder, die seit fast einem halben Jahrhundert ihre
diplomatischen Beziehungen abgebrochen hatten:
wirklich ein verlockendes Programm. Ich hätte es mir
in meinem Zimmer ansehen können, wie ich es seit Beginn der WM bei den Spielen der französischen Mannschaft gemacht hatte, den Laptop auf den Knien und
mit den Kommentaren auf Farsi im ersten iranischen
Programm. Diesmal aber wollte ich mich unter die
Menge mischen und die Leidenschaft, den Jubel, die
Begeisterung eines ganzen Volkes teilen, denn sollte der
Iran gewinnen, würde man unzweifelhaft eine dieser

denkwürdigen Nächte erleben, die zu den kostbaren Stunden eines Landes gehören.

Gab es irgendwo eine Großleinwand, um das Spiel zu sehen? Man hatte mir gesagt, ich solle mein Glück im Madr-Park am Stadtrand versuchen, aber im Madr-Park war keine Menschenseele zu sehen. Daher machte ich mich auf den Weg zum Azadi-Platz, der in Kerman das ist, was in Paris der Rond-point des Champs-Élysées ist. Dort war ich wenigstens sicher, auf Fans zu stoßen, zu sehen, wie iranische Fahnen geschwenkt wurden, vielleicht sogar, wer weiß, Signalhörner zu hören. Von wegen. Der Azadi-Platz – ausgestorben. Und eingekreist von Polizeiautos. Alle zehn oder fünfzehn Meter eines, um einem das Bedürfnis zu vermitteln, lieber schön zu Hause zu bleiben. Ich war schon auf dem Weg in meine Unterkunft, als ich durch das Fenster einer Shisha-Bar ein an die Wand genageltes weißes Laken sah, auf das ein an der Decke befestigter Beamer das Spiel übertrug. Die einzigen Gäste, zwei Typen, die hinten in einer Ecke an einem Tisch saßen, zogen abwechselnd am Mundstück einer Wasserpfeife, während sie gleichgültige, lustlose Blicke auf die Kerle in Shorts und Stollen warfen, die über den Rasen von Doha rannten. Einer der beiden Männer war groß, mit ausgemergeltem Gesicht und schreckhaftem Blick; der andere pausbäckig, wohlgenährt, mit schwarzem, nach hinten gekämmtem Haar, um die Ohren herum geschoren (aber ja doch, genau, das war er: Kim Jong-Un!).

Ich bat um eine Wasserpfeife und sah mir Iran–USA an. Ein chaotisches Spiel, unpräzise Torschüsse, misslungene Abgaben, Durcheinander in den Ketten. Setzen Sie mich vor ein Spiel der dritten Liga, Champigneulles gegen Raon-l'Étape oder so was, und wir reden nicht mehr darüber. Ich tendiere eh dazu, mich beim Fußball zu langweilen, aber hier – gute Güte! Irgendwann ist dann doch etwas passiert: Die Amerikaner haben einen Treffer erzielt. Ich rechnete damit, dass Kim Jong-Un und sein Komplize ein enttäuschtes Gesicht ziehen würden, aber nein, sie lächelten, ließen von ihrer Wasserpfeife ab und applaudierten. Sie applaudierten dem amerikanischen Tor. Nachdrücklich, aufrichtig. Kim Jong-Un hatte sogar seinen Hintern von der Bank erhoben und feierte stehend, die Arme in die Luft gereckt, das Tor, das die Vereinigten Staaten von Amerika gerade gegen das Mutterland erzielt hatten. Ja, sie waren Iraner, ja, zu normalen Zeiten waren sie für den Iran, aber nicht hier, nicht für diese Mannschaft, nicht für diese Spieler, nicht für diese Lakaien der Macht, die wenige Tage vor der WM, auf dem Höhepunkt der Repression eingewilligt hatten, Präsident Raisi die Hand zu geben. Das konnten die Iraner nicht schlucken. Auch wenn die Spieler dann beim ersten Spiel die Nationalhymne der Islamischen Republik boykottierten, es war zu spät und es war zu wenig, der Schaden war angerichtet: Ihre Landsleute interessierten sich nicht die Bohne dafür, dass diese Mannschaft bereits in der Vorrunde rausgeworfen wurde, und sei es durch die Hundesöhne von Amerikanern. Am Ende des Spiels, das sie 1:0 verloren, machte der Wirt der Shisha-Bar das Licht wieder an, schaltete den Beamer aus, nahm das Laken von der Wand, ließ das Metallgitter herunter und drückte auf den Knopf einer HiFi-Anlage. Das Trinken von Alkohol war verboten: Achtzig Peitschen-hiebe waren das Strafmaß dafür. Genug, um einem den Rücken in Fetzen zu reißen. Aber nichts, was unseren Freund, den Wirt der Shisha-Bar, abschrecken würde: Aus einem hinter dem Kühlschrank versteckten Schrank holte er eine Flasche hausgemachten Arrak und füllte vier Gläser randvoll, bevor er einen schwungvollen pa-triotischen Toast *auf die Niederlage des Irans* ausbrachte.

Zu den Amerikanern habe ich »Hundesöhne« geschrie-ben, die Wahrheit ist aber, dass die meisten Iraner das niemals sagen würden. Bevor ich zu meiner Reise auf-brach, hatte ich mir noch einmal *Argo* angesehen, den Film von Ben Affleck über die Geiselnahme in der ame-rikanischen Botschaft 1979: Mein Kopf war voll mit Bildern von brennenden Sternenbannern und irani-schen Studenten, die »Tod Amerika!« riefen. Und dann gab es da noch die alte Rhetorik des Regimes, das keine Gelegenheit ausließ, über den Großen Satan herzu-ziehen. Für mich war es eine ausgemachte Sache: Die Iraner hassten die Amerikaner und umgekehrt. Aber keineswegs. *We love America!*, schwor man mir, die

Hand auf dem Herzen. Die Iraner lernten Englisch, indem sie *Die Simpsons* schauten, luden sich Hollywoodfilme runter, trugen Air Jordans und Basecaps mit dem Logo der Yankees, träumten davon, einmal nach New York zu reisen und zu erfahren, wie Big Macs schmecken.[1] Der Hass auf die Amerikaner war Sache der Mullahs. Sie liebten die Amerikaner, und sie liebten sie umso mehr, als sie die Mullahs hassten.

Eine andere überkommene Vorstellung ist, dass der Iran Ende 2022 in Flammen stand.

Ich erinnere mich an einen Samstagnachmittag während der Gelbwesten-Proteste, als ich auf Fox News Bilder *live from the Champs-Élysées* gesehen hatte: eingeschlagene Schaufenster, brennende Mülltonnen und Kioske, aufgerissenes Straßenpflaster, bedrängte Bereitschaftspolizei – eben ein Samstagnachmittag während der Gelbwesten-Proteste. Die Kommentare waren ernst, die Einblendungen dramatisierend – *»Chaos in France«* oder etwas dieser Art. Wenn man den Ereignissen auf Fox News folgte, konnte man glauben, ganz Paris – und nicht nur Paris: ganz Frankreich – sei ein Ruinenfeld. Man rechnete damit, die Demonstranten Waffengeschäfte plündern, den Élysée-Palast erobern und den Kopf Macrons auf einer Pike herumführen zu sehen.

---

1  Immerhin gibt es eine Sache, die man der Islamischen Republik zugutehalten kann: Im Iran gibt es keinen McDonald's.

Neugierig geworden, bin ich hin, um es mir anzusehen. Ja, es gab etwas Remmidemmi an der Place de l'Étoile. Das würde einige glücklich machen: Die Glasereien würden ihre Auftragsbücher füllen. Aber *gleichzeitig* saßen in einer Parallelstraße Menschen auf Caféterrassen und andere joggten, ohne sich im Geringsten darum zu kümmern, was dreihundert Meter entfernt stattfand.

Seitdem habe ich gelernt, dem *Vergrößerungseffekt* zu misstrauen. Die Bilder, die uns aus dem Iran erreichten, konnten einem vermitteln, das Land sei völlig verwüstet. In Wahrheit waren die Demonstrationen so kurz, wurden so schnell niedergeschlagen, dass man sein Leben leben konnte, ohne etwas davon zu bemerken. Die Iraner gingen shoppen, promenierten in den Parks, spielten Tischtennis und Schach. Sie gingen ihren Beschäftigungen nach. Während am Ausgang des Basars in Kerman Demonstranten mit Gummiknüppeln verprügelt wurden, fand zwei Straßen weiter in einem Restaurant eine Verlobungsfeier statt. Ein Innenhof, eine Palme, ein Wasserbecken, Tische um das Wasserbecken, zwei Familien an den Tischen, vierzig Menschen, darunter die Schwester des Verlobten. Ihre Großmutter trug einen Tschador, ihre Mutter den Hidschab, sie: nichts. Ihre Haare fielen in kastanienbraunen Locken auf eine orangefarbene wollene Wickelbluse. Die Speisen wurden aufgetragen: Kauen, Schlucken, die steife Atmosphäre eines Essens ohne Alkohol. Dann kommt eine Gruppe Musiker. Einer beginnt, die Saiten seines

*târ* zu zupfen, ein anderer, die eines *kamânche* zu strei-
chen, ein Dritter, der auf dem Boden sitzt, auf eine *tom-
bak* zu schlagen, ein Sänger, die Stimme zu erheben,
und die Schwester des Verlobten, mit Daumen und
Mittelfinger im Takt zu schnippen. Dann klatscht sie in
die Hände. Dann schnipst sie mit Daumen und Mittelfinger. Dann klatscht sie in die Hände. Die Anwesen-
den sehen sie an, dann sehen sie einander an, noch folgt
ihr niemand, nichts zu machen, sie fährt fort, in die
Hände zu klatschen. In der Islamischen Republik ist es
verboten zu tanzen. Sie steht auf und dreht sich wie ein
Derwisch, zunächst langsam, dann immer schneller,
einen Arm zum Himmel erhoben, und sie dreht sich
weiter, schneller, immer schneller, ein orangefarbener
Kreisel, die Haare im Wind mitten im Schwarz der
Tschadors.

»Allem Anschein nach gibt es im Gehirn eine ganz
spezielle Zone, die man poetisches Gedächtnis nennen
könnte, und die aufzeichnet, was unser Leben schön
macht«, hat Kundera geschrieben.[1] Wenn ich nur ein
einziges Bild aus dem Iran mitnehmen dürfte, hier ist
es.

---

1  Milan Kundera, *Die unerträgliche Leichtigkeit des Seins,* deutsch von
   Susanna Roth, Hanser, München 1984, S. 199.

Reisen macht bescheiden. Man hält sich für einen un-
ermüdlichen Weltenbummler unserer Zeit, doch früher
oder später trifft man echte Globetrotter, die einen daran erinnern, dass man nur ein ganz normaler Tourist
ist. Sie sind Träumer, ein bisschen verrückt, niemals
hier, immer dort, Leute, für die zu Hause bleiben kein
Leben ist und die auf das kleinbürgerliche Glück von
uns Sesshaften verzichten, um ihre Lebenslinie auf den
Landkarten nachzuzeichnen. Glücklich sind die mit
einem Sprung in der Schüssel, sagt man, denn da dringt
das Licht herein. Roman, Deutschschweizer, vierzig
Jahre alt, davon vierzehn auf Achse, war einer von ihnen.
Irgendwann hatte er sich einen Toyota Land Cruiser,
Baujahr 1987, mit zweihunderttausend Kilometern auf
dem Tacho gekauft, seine sämtlichen Sachen eingeladen und sich auf den Weg gemacht. Als ich in der Wüste
Lut das letzte Mal auf den Zähler geschaut habe, stand
er bei 463 853 Kilometern. Vier Jahre zuvor hatte sich
Roman in der Nähe von Angkor Wat in die kambod-
schanische Yoga-Jüngerin Koi verliebt, die für ein Rei-
sebüro arbeitete und die beste Köchin Südostasiens war.
Er hatte sie geheiratet, zum Nomadenleben bekehrt
und seither waren sie gemeinsam unterwegs. Von Zürich bis Phnom Penh, ohne sich zu beeilen, das dauert
seine Zeit. Am Tisch des Heritage Hostel in Isfahan, wo
wir uns kennengelernt hatten, erzählte ich ihnen von

meinem Plan, den Iran auf den Spuren eines Schweizer Schriftstellers zu durchqueren und dass… *Wirklich? Nicht zu fassen!*[1] Roman konnte es kaum glauben. Er rannte zu seinem Auto und kam mit einem zerlesenen Exemplar von *Die Erfahrung der Welt* von Nicolas Bouvier zurück. Auch sie hatten beschlossen, dem Weg des Genfer Schriftstellers zu folgen, zumindest im Iran. Sie erlaubten sich aber einige Umwege: So würden sie zum Beispiel nach Bandar Abbas fahren und dann nach Kerman, wo sie Ilona und Manuel wiedersehen wollten, die sie zwei Monate zuvor in Istanbul kennengelernt hatten. Zusammen würden sie die Wüste Lut durchqueren und nach Pakistan weiterfahren. Zahedan, wo ich hinwollte, lag auf ihrem Weg, und sie boten mir an, mich mitzunehmen.

In Kerman fand ich sie über eine Irankarte im Maßstab 1:1 500 000 gebeugt. Bevor man sich in die Wüste Lut wagt, sollte man die Strecke besser zweimal kontrollieren. Und zweimal volltanken: Benzin und Wasser.

Mit Wasser hatte Roman schon einmal Pech gehabt. Fünfzehn Jahre zuvor hat er sich bei seiner ersten Wüstendurchquerung von der Straße entfernt, weil er die Sanddünen erkunden wollte. Der Asphalt hört auf, er fährt über Sandpisten, wo die Reifenabdrücke seines Land Cruisers schnell verschwinden. Beim Umfahren

---

1 Deutsch im Original.

einer Düne bleibt er stecken. Er kann noch so viel Gas geben und mit den Händen graben – nichts zu machen, unmöglich, sich allein aus der Patsche zu ziehen, in die er da geraten ist. Gut. Siebenundvierzig Grad. Kein Netz. Kein Kompass. Und, wie man sehen wird, kein Glück. Ein paar Tage kann er durchhalten, während er darauf wartet, dass ein Auto auftaucht. Er hat ein Zelt, einen Daunenschlafsack, Holz, um Feuer zu machen, und vor allem einen Fünfzehn-Liter-Kanister, den er am Brunnen eines Dorfes mit Wasser gefüllt hat. Als er daran denkt, bekommt er gleich Durst. Das Wasser sollte er sich gut einteilen, aber was soll's, fünfzehn Liter, das ist ja eine Menge: also, einen Schluck! Er macht den Kofferraum auf, schraubt den Deckel ab, hebt den Kanister mit beiden Händen hoch – fünfzehn Liter, das ist schon ein ordentliches Gewicht –, führt ihn zum Mund und… Und was? Lässt er ihn fallen und sieht ohnmächtig zu, wie das Wasser im Sand versickert? Schlimmer! Den Schluck, den er genommen hat, spuckt er sofort wieder aus. Das Wasser, das er aus einem Brunnen im Dorf geschöpft hat, ist Meerwasser. Salzig. Untrinkbar. *Scheiße.* Er schaut wieder auf sein Telefon. Schaltet es aus. Wieder ein. Immer noch kein Netz. Die Anzeige auf dem Armaturenbrett steht inzwischen bei achtundvierzig Grad. Er weiß nicht genau, wo er ist, eines aber weiß er genau: keine Menschenseele im Umkreis von hundert Kilometern. Er stellt das Zelt auf, legt sich hinein, irgendwer wird schon vorbeikommen.

Aber es kommt niemand vorbei und seine Kehle wird immer trockener. Und weil er immer größeren Durst hat, setzt er alles auf eine Karte: Mitten in der Nacht steht er auf und geht zwei Stunden lang geradeaus in Richtung Straße. Vielleicht ist sie weiter weg. Vielleicht liegt sie auch in der entgegengesetzten Richtung, womöglich hat er sich geirrt, als er in der Dunkelheit losgegangen ist. Er läuft weitere zwanzig Minuten, eine weitere halbe Stunde, immer noch keine Straße, bald kommt der Tag und mit ihm, würde Bouvier sagen, die »wie eine Faust« in den Himmel gereckte Sonne. Er macht kehrt, findet sein Auto wieder und schreibt auf die staubige, glühend heiße Motorhaube, auf der er Eier braten könnte, wenn er welche hätte, mit zwei Fingern vier Buchstaben: HELP. Dann kriecht er wieder in sein Zelt – da ist es noch am wenigsten heiß. Die Stunden vergehen, er steht nur noch auf, um zu pinkeln – auch mit trockener Kehle… Er legt sich hin, schließt die Augen, träumt sich in einen See, eine Wanne, einen Springbrunnen, irgendwohin, Hauptsache, es gibt Wasser und das Wasser ist trinkbar. Er würde sein ganzes mageres Vermögen für eine 0,33-Liter-Flasche geben. Schlafen ist noch das Beste, was er tun kann: Er schläft ein und träumt, dass er direkt an einem Hahn trinkt, aus dem klares Wasser sprudelt. Aber dann weckt ihn etwas. Ein Geräusch, das ihm vertraut ist. Ein Motorengeräusch. Er will nicht zu früh jubeln, vielleicht ist es eine Halluzination, eine akustische Fata Morgana. Er kriecht aus dem Zelt, die Sonne blendet ihn, er schirmt die Augen mit der Hand ab. Ein Auto. Es ist ein Auto! Aber ein Auto, das nicht auf ihn zufährt. Ein Auto, das ganz dicht an seinem Zelt vorbeigefahren ist und sich jetzt entfernt. Er sammelt seine letzten Kräfte, legt die Hände als Megafon um den Mund und versucht zu rufen, aber seine Stimme ist zu schwach. Also springt er in die Luft, bewegt alles, was er bewegen kann, die Arme, die Beine, den Kopf, und der Fahrer, der ihn im Rückspiegel sieht, fragt sich, warum dieser Kerl bei fünfzig Grad mitten in der Wüste *Jumping Jacks* macht. Neugierig wendet er und findet einen erschöpften Jungen mit aufgesprungenen Lippen und Tränen in den Augen, der ihn auf Knien anfleht: »*Water, Water*«. Sein Retter gibt ihm eine Trinkflasche und Roman definiert den Begriff Luxus für sich vollkommen neu. Es gibt Leute, für die ist der Genuss eines Blanc de Blanc Jahrgangs-Champagners in einem Kristallkelch in der Gartenlaube eines englischen Gartens neben einem Grandhotel der Gipfel des Luxus. Warum nicht. Aber inmitten der Wüste ist die Wasserflasche, die man ihm reicht, ein gewaltigerer Schatz als alles in den Banken von Genf versteckte Geld. Das passiert ihm nicht noch mal, sollte er irgendwann wieder die Wüste durchqueren, ist sein Kofferraum randvoll mit Wasser.

Für drei Tage hatten wir fünfzig Liter eingeladen. Wir mussten nur noch tanken. Im Iran fahren die Lkw mit Diesel und die Pkw mit Benzin. Wenn dein Auto Diesel braucht, wie der Peugeot von Ilona und Manuel und der Land Cruiser von Koi und Roman, dann viel Spaß! Erst mal muss man eine Tankstelle finden, die Diesel verkauft. Die gibt es meist am Stadtrand. Das Problem ist, dass der Diesel für Lkw reserviert ist, weil er staatlich subventioniert wird. Die Fahrer haben eine persönliche Dieselkarte, an die dahergelaufene Touristen nicht rankommen. Also muss man verhandeln, sich mit seinen drei Wörtern Persisch über die Literzahl und den Preis verständigen, das alles kann eine Ewigkeit dauern, aber am Ende findet man immer einen freundlichen Fernfahrer, der einen Teil seiner Ration gegen einen festen Händedruck und eine Handvoll Toman abgibt. Natürlich bezahlt man den zwanzigfachen Preis, aber zwanzig Mal der Preis im Iran ist immer noch zwanzig Mal weniger als in Europa: Ein Liter Diesel kostet uns dreihundert Toman. Dreihundert Toman sind ein Cent. Wenn man das erledigt hat, kann man sich auf den Weg machen. Auf den Weg durch die Wüste Lut.

Roman und Koi fuhren vorneweg. Ilona, Manuel und ich direkt dahinter. Ilona und Manuel hatten sich zwei Jahre zuvor, im Lockdown, zu Hause am Bodensee vorgenommen, eine Reise zu machen, sobald sich die Grenzen öffnen würden. Manuel war um die vierzig, hatte ein britisches Phlegma und sah aus, als hätte er eine ganze Reihe Geheimnisse des Lebens durchschaut.

Vielleicht war es das, was Ilona gefallen hatte – das war es, was mir selbst gefallen hätte, wäre ich Ilona gewesen, die blonde, zierliche Fünfundzwanzigjährige, die in der Schweiz mit dem Gefühl aufgewachsen war, die Welt müsse doch größer sein als ihr kleines Land, und die das gern überprüfen wollte. Eine Zeit lang hatten die beiden daran gedacht, als ganz normale Backpacker per Autostopp und mit dem Bus Asien zu durchqueren. Dann hatte die Feuerwehr in ihrem Wohnort einen gebrauchten, aber kaum gefahrenen Krankenwagen in sehr gutem Zustand zum Verkauf angeboten, knallrot, mit Sirene, der Aufschrift »Feuerwehr« und dem Namen ihrer Stadt. Sie hatten ihn gekauft, die Sirene abgebaut, die Aufschrift gelassen und den Wagen mit Bett, Dusche, Kochecke, Trockentoilette und Kiefernholzdeck auf dem Dach ausgestattet. Als sie mich an Bord nahmen, waren sie seit sechs Monaten unterwegs und schon fünfundzwanzigtausend Kilometer in Richtung Australien gefahren, wo Ilonas Tante wohnte. Vor deren Gartentor würden sie die Sirene wieder einbauen, um ihre Ankunft zu verkünden.

Wir fuhren vielleicht seit einer Stunde, als wir an einem Fahrradfahrer mit nacktem Oberkörper und um den Kopf gewickeltem T-Shirt vorbeikamen, der am Straßenrand hockte und seinen Reifen flickte. Vielleicht brauchte er Hilfe. Als er sich das T-Shirt aus dem Gesicht schob, erkannte ich ihn sofort: Es war Marek, der junge Deutsche, den ich in Teheran kennengelernt hatte und der sich, in der Türkei von seiner Frau sitzengelassen, auf eine Fahrradtour gemacht hatte. Das Fahrrad: Wenn nicht der Reifen platzte, sprang die Kette ab, wenn nicht die Kette absprang, war der Sattel locker, wenn nicht der Sattel locker war, war irgendetwas anderes, und Marek hatte die Nase gestrichen voll von seinem Fahrrad. Ilona und Manuel hatten hinten an ihrem Van einen Fahrradträger. Sie boten Marek an, sein Fahrrad dort aufzuhängen und im Auto mitzufahren. Das ließ er sich nicht zweimal sagen. Fahren ein Deutscher, drei Schweizer, eine Kambodschanerin und ein Franzose durch die Wüste. So könnte ein Witz anfangen.

## *Wüste Lut*

Rissige Erde, Sanddünen, Felskämme, Ocker und Beige, in die sich mit der Dämmerung aschgraues Grün mischt. Man müsste schon Lawrence von Arabien sein, um die Wüste zu beschreiben. Ich täte es gern, kann es aber nicht. Es gibt wohl Landschaften, die nur geschaffen sind, um gesehen zu werden. Die Nacht brach über der Wüste herein, wir hatten die Zelte aufgestellt, Holz gesammelt, ein Loch gegraben und ein Feuer gemacht, das Roman schürte. Ilona spielte Flöte, Manuel begleitete sie auf dem *Handpan,* Koi hatte eine Wassermelone

117

Manuel in der Wüste Lut.

aufgeschnitten, Marek stiegen Tränen in die Augen. Ich klopfte ihm tröstend auf den Rücken. Komm schon, Junge, noch ein paar Tausend Kilometer, dann hast du sie vergessen.


## Keschit

Wir hatten in Keschit haltgemacht, einer Oase auf halbem Weg zwischen Kerman und Bam. Wenn man die Iraner nach Keschit fragt, sehen sie einen erstaunt an und lassen sich den Namen wiederholen. Keschit, sagen Sie? Tut mir leid, das sagt mir gar nichts. Keschit ist das bestgehütete Geheimnis des Irans. Du fährst stundenlang durch die Wüste, siehst stundenlang keinen Grashalm, keinen Baum, keinen Menschen, nichts. Aber dann taucht dort, ganz weit weg, ganz winzig, ein grüner Punkt auf. Eine Stunde später bist du da: Palmen, Leben, ein Dorf. Alte Frauen im Tschador schwatzen vor ihren Häusern, Halbwüchsige kurven auf Mopeds über die einzige Straße, sie ist von Straßengräben gesäumt, durch die, Gott weiß, woher, frisches Wasser strömt. Es ist schon ein Wunder, dass hier, mitten in der Wüste, ungefähr tausend Menschen wohnen. Doch das eigentliche Wunder liegt ein Stück weiter, auf dem Hügel: die Ruinen der einstigen Stadt Keschit.

In einer Zeit, in der schon der kleinste ein bisschen antike Felsen ins Welterbe der UNESCO aufgenommen wird, ist es nicht normal, dass die Ruinen von Keschit so unbekannt sind, schlimmer noch, es ist absurd. Ein Dorfbewohner erzählte, sie seien sechstausend Jahre alt. Ein anderer, es seien nur tausend und die Stadt sei von den Seldschuken erbaut worden. Ein Dritter ergänzt, sie sei schon zu Zeiten seines Urgroßvaters, Anfang des 20. Jahrhunderts, verlassen gewesen. Für mich ist Keschit nicht weniger als das Machu Picchu des Irans, und wenn man durch die Ruinen läuft, kann man sich wie Hiram Bingham am Morgen des 24. Juli 1911 fühlen: Marek und ich sprangen in kindlicher Freude herum, als wären wir die Ersten, die sie entdeckten.

Gegen fünf Uhr wurde es dunkel. Wir hatten die Zelte am Fuß der Ruinen aufgestellt und uns um ein Feuer gesetzt, als zwei Polizisten mit einem Geländewagen angefahren kamen. Von der Kaserne des Dorfes aus hatten sie eine Rauchfahne in den Himmel steigen gesehen. Da es in Keschit nicht viel Unterhaltung gibt, kamen sie nachsehen und fanden uns. Während einer unsere Pässe und Visa kontrollierte, hatte der andere einen Stiefel ausgezogen und auf das Leder gespuckt, das er nun mit einem Lappen aus Kamelleder polierte. Sein Englisch-Vokabular beschränkte sich auf zwei Wörter, die er unablässig wiederholte: *great* und *danger*.
Eine Gefahr? Was für eine Gefahr? Wir konnten ihn

Marek in den Ruinen von Keschit.

noch so oft fragen, mehr bekamen wir nicht heraus. In einem Kauderwelsch aus Persisch und Englisch, Zeichensprache und flehenden Blicken versuchten wir ihnen klarzumachen, dass wir nur die Nacht dort verbringen wollten und schon im Morgengrauen unseren Weg fortsetzen würden, es war zwecklos: *great danger,* wir konnten nicht dortbleiben. Wir mussten die Zelte abbauen, unsere Sachen einpacken, das Feuer löschen und den beiden Polizisten mit den Autos zum Dorfkommissariat folgen. Dort war ein kleiner Garten, wo wir in Sicherheit sein würden. Ich stellte mein Zelt unter die Blätter einer Palme, Marek befestigte seine Hängematte an zwei Ästen. Wir konnten in Ruhe schlafen: Auf der anderen Straßenseite wachten die beiden bewaffneten Polizisten über uns.

## Bam

Bam ist vor allem für seine Zitadelle bekannt, eine riesige, seit dem 19. Jahrhundert verlassene Festung, die vor zwanzig Jahren fast vollständig zerstört und dann vollständig wieder aufgebaut wurde, wie der Campanile am Markusplatz in Venedig, nachdem er eingestürzt war: *dov'era, com'era.* Wo er war, wie er war. Nur wirkt die Zitadelle, die zweitausendfünfhundert Jahre alt sein soll, etwas zu neu. Man hat fast Lust, »Vorsicht, frisch gestrichen« an ihre Adobe-Wände zu schreiben. Um wirklich zu beeindrucken, fehlt ihr etwas, was selbst die besten Handwerker nicht nachahmen können: die Patina der Zeit. Das Beste wäre, sie in tausend Jahren wieder zu besuchen. Aber ich will mir nichts vormachen, ich glaube nicht, dass ich noch einmal nach Bam komme. Das Erdbeben vom 26. Dezember 2003 hatte nicht nur die Zitadelle, sondern auch die moderne Stadt fast vollständig dem Erdboden gleichgemacht. 6,8 auf der Richterskala, vierzigtausend Tote, fünfzigtausend Verletzte, darunter unser Gastgeber, ein achtzigjähriger Ex-Boxer, der sechs Stunden unter den Ruinen seiner Herberge gelegen hatte. Er hat zehn Jahre gebraucht, sie eigenhändig wieder aufzubauen. Dass man aus so fernen Ländern kam, um die Nacht darin zu verbringen, war da wohl das Mindeste.

5G ist in der Wüste Lut noch nicht angekommen. Deshalb erreichte uns die Information, die in allen Zeitungen für Schlagzeilen sorgte, lange nach dem Rest der Welt, als wir in Bam ankamen:

»Der Iran schafft die Sittenpolizei ab.«

Die Sittenpolizei, die seit sechzehn Jahren in den Straßen des Landes patrouillierte, um »die Kultur des Anstands und des Hidschabs zu verbreiten«, genauer gesagt, die Frauen wegen sichtbarer Haare belästigte, sie in Kastenwagen zerrte, hinter Gitter brachte und manchmal totschlug, die Sittenpolizei und ihre »Patrouillen für Belehrung«, die Männer in Grün und Frauen in Rabenschwarz, waren abgeschafft.

Verblüffung. Hurrarufe. Rührung.

Nachricht an Niloofar.

Das war doch ein Grund zur Freude, oder?

Nein.

Zum einen habe es der Generalstaatsanwalt verkündet, erklärte mir Niloofar, aber die Sittenpolizei gehe den Generalstaatsanwalt nichts an, er sei nicht ermächtigt, über sie zu entscheiden. Zum Zweiten sei das Tragen des Kopftuchs immer noch Pflicht, der Staatsanwalt selbst habe es erklärt: Die Justiz werde weiter über die Anwendung des Gesetzes wachen. Und drittens habe kein Verantwortlicher, weder in der Regierung noch unter den Mullahs, die Äußerung des Staatsanwalts bestätigt, kurz und gut, die internationale Presse mochte sich vielleicht freuen, doch das habe nichts mit einem Zurückweichen zu tun, das sei ein Bluff, leeres Gerede, ein Ablenkungsmanöver, um die Iraner angesichts des Aufrufs zum Generalstreik zu besänftigen. Niloofar ließ keinen Zweifel: Die Sittenpolizei war nicht abgeschafft. Eher das Gegenteil traf zu. Die Uni, wo man in den letzten Wochen noch ohne Kopftuch herumlaufen konnte, durfte man seit einigen Tagen nicht mehr mit bloßem Kopf betreten: Vor der Tür wachte eine verschleierte Matrone. Das Regime hatte weiterhin »kein Mitleid mit *feindlichen Elemen-*

*ten«* – so nannte Präsident Raisi die Demonstrierenden. Am Vortag erst hatte ein Gericht fünf von ihnen zum Tode verurteilt. Einer von ihnen hieß Mohammad Mehdi Rarami, er war zweiundzwanzig, ein Karatechampion, Mitglied der Nationalmannschaft. In einer Aufnahme, die später auf Twitter verbreitet wurde, hörte man ihn seinem Vater sagen: »Sie haben mich zum Tode verurteilt. Bitte sag Mama nichts davon.«[1]

## Zahedan

Zahedan, Belutschistan. Einwohner: Sechshunderttausend. Höhe: 1377 Meter. Ruf: Schlecht.

Der schlechte Ruf der Belutschen ist nicht neu. Schon in den 1970er Jahren, als der amerikanische Reiseschriftsteller Paul Theroux[2] es sich in den Kopf setzt, Japan von Großbritannien aus mit dem Zug zu erreichen, bereitet ihm Belutschistan Sorgen; er vertraut sie

---

1  Aber die Mutter hat es doch erfahren. In einem Video flehen seine Eltern, Papiertaschentuchverkäufer aus Nazarabad in der Provinz Alborz, das Gericht auf Knien an, ihren Sohn zu verschonen. Das Urteil wurde in der Berufung bestätigt und am Morgen des 7. Januar 2023 vollstreckt.

2  Paul Theroux, *Basar auf Schienen. Eine Reise um die Welt,* deutsch von Werner Peterich, bearbeitet von Christian Döring, Die Andere Bibliothek, Berlin 2015.

einem Botschaftsangestellten an, der ausruft: »Belutschistan, mein armer Freund, nicht dran zu denken!«
Theroux dankt ihm für den Rat, verzichtet auf Belutschistan und kauft sich einen Fahrschein Richtung
Maschhad, im Nordosten des Irans. Im Laufe der Zeit
ist der Ruf der Belutschen nicht besser geworden.

Die Franzosen hatten mir gesagt: »Reisen Sie nicht
in den Iran.«

Die Iraner hatten mir gesagt: »Reisen Sie, wohin Sie
wollen, aber reisen Sie nicht nach Belutschistan.«

Die Belutschen haben mir gesagt: »Willkommen bei
uns.«

Koi und Roman, Ilona und Manuel setzten ihren
Weg nach Quetta in Pakistan fort. Am frühen Nachmittag hatten sie Marek und mich in Zahedan abgesetzt,
wo man nicht unzufrieden schien, uns zu sehen. Die
Europäer, die sich noch in den Iran wagten, stießen selten bis hierher vor. Denn der schreckliche Ruf, der den
Belutschen anhängt, brachte sie um Besuche. Zu weit,
Belutschistan: im Südosten des Irans und beidseits der
afghanisch-pakistanischen Grenze. Zu anders, die Belutschen. Sie sprachen nicht dieselbe Sprache: Sie sprachen Belutschisch. Sie waren nicht Schiiten, sie waren
Sunniten. Und wie die Kurden kleideten sie sich anders – schauen wir, wie Bouvier sie beschreibt: »Mit
ihren weißen Turbanen, ihren schwarzen Haarfransen,
ihren ausgeglühten Mienen, die jenen von Spielkarten
gleichen, und ihrer Ähnlichkeit mit Holzscheiten, die

man halb verkohlt aus dem Feuer gezogen hat, sind sie schon Belutschen.«[1]

Sanft wie ein Lamm, fett wie ein Schwein, vierzig Jahre auf dieser Erde, davon die sechs letzten ausschließlich dem Opium-Rauchen gewidmet: der Gastgeber, den Marek über Couchsurfing gefunden hatte. Seine Tage begannen um sieben Uhr: Er kam in der *Praxis* an (er war Arzt, aber seine Patientenschaft beschränkte sich inzwischen auf ein paar Junkies seiner Art), erhitzte ein schwarzes Kügelchen über der Flamme eines Gaskochers, stopfte den Kopf seiner Pfeife mithilfe einer Nadel und begann zu rauchen. Im Schneidersitz (im Laufe der Jahre hatte er eine derartige Gelenkigkeit erreicht, dass er es mit den größten Yogi-Meistern hätte aufnehmen können) verbrachte er Stunden damit, an der Pfeife zu ziehen, während er BBC News auf Persisch sah, oder indem er sich mit seinen durchreisenden Gästen unterhielt. Wenn er empfing, tauschte er seine Alltagskleidung gegen eine Pyjamahose aus weißer Baumwolle voller verdächtiger Flecken und ein unförmiges, geflicktes, verwaschenes T-Shirt mit V-Ausschnitt. Wenn er allein war, rauchte er in Unterhose. Aber nie in dem, was er *in der Stadt* trug: Der Geruch des Opiums setzte sich in der Kleidung fest, und seine Frau wusste von nichts. Sie glaubte, er würde unermüdlich arbeiten,

---

1 Bouvier, S. 281 f.

einen Patienten nach dem anderen behandeln, geduldig für das Haus in Schiras sparen, das sie sich erträumten (denn sie stammte aus Schiras). Aber er wusste, dass sie nie nach Schiras gehen würden, er wusste, dass es nie ein Haus geben würde (jeder Tag, der verging, ließ das Haus in Rauch aufgehen). Schon seit Jahren *kam kein Geld mehr herein,* was ihn übrigens nicht groß zu bekümmern schien: Eine der Segnungen von Opium besteht darin, dass es einen zeitweilig vor der Realität bewahrt, und man vergisst das zusammenbrechende Leben, das Loch, in das man stürzt, und das, in dem man wohnt.

Zahedan mochte zwar über eine halbe Million Einwohner zählen, doch unser Opiumsüchtiger war sicher: Es war ein Loch. Er hatte das Pech gehabt, hier geboren zu werden, er hatte das Pech, hier zu leben, und so, wie sein Leben sich entwickelte, würde er das Pech haben, hier zu sterben. Daran war nichts zu ändern, nichts, es war eine Stadt von Schmugglern, gerade gut genug für alle Arten von Geschäften und Dealereien. Er mochte die Stadt noch so sehr niedermachen, einen Trumpf fand er doch an ihr: Opium war viel billiger als in Teheran. Außerdem wusste man, was drin war, es war nicht wie Crack oder Heroin oder all dieser synthetische Dreck. Das Problem war, dass das Opium bei ihm zu Verstopfung führte. Er ging nicht mehr auf die Toilette und kompensierte das durch Furzen. Er war bei sich, wir waren unter Männern, er nahm sich die Freiheit,

Winde fahren zu lassen, die Mareks goldene Locken glätteten. Im Schneidersitz hob er eine Pobacke und brachte uns lange, stille Fürze dar, schmachtend wie Seufzer. Und dann, als wäre nichts, begann er wieder, an der Pfeife zu ziehen. Schließlich ließen wir ihn dort zurück, in diesem Geruch *sui generis*. Zahedan erwartete uns.

Marek suchte eine Buchhandlung: Er hoffte, dort eine Ausgabe des *Kleinen Prinzen* auf Belutschisch zu finden. *Mein kleiner Prinz* war der Kosename, mit dem seine Frau ihn anredete – seine Ex-Frau, aber diese Vorsilbe auszusprechen, hieß, Salz in noch offene Wunden zu streuen. Das Erste, was er tat, wenn er irgendwo ankam, war, ein Exemplar des Buchs zu kaufen. Und das Erste, was er tun würde, wenn er nach Hause käme, wäre, es in sein Bücherregal zu stellen – ein ganzes Regal, um sich daran zu erinnern, dass sie ihn geliebt hatte, darunter machte er es nicht. Ich habe nicht genug von Marek erzählt: ein reines Herz, wirklich. Von nichts verdrossen, neugierig auf alles, ein herausragender Reiter und freiwilliger Feuerwehrmann, Liebhaber von Gedichten und Aphorismen – sein liebster, von Jules Renard: »Schmetterling: Der zusammengefaltete Liebesbrief sucht nach einer Blumenadresse« –, offen für die Gesellschaft der Menschen, auf die er aber gerne verzichtete, weil er ihr, und zwar bei weitem, die der Wälder vorzog. Ein einziger Makel: sein nicht zu unterdrückendes und, um die Wahrheit zu sagen, auf Dauer ermüdendes Bedürfnis zu reden. Niemals um eine Geschichte verlegen. Niemals um Fragen verlegen. Niemals um irgendetwas verlegen, dieser Marek. Und nach eigener Aussage eine unerschöpfliche Quelle unnötiger Informationen. Nicht immer unnötig: Er war zum Beispiel der Erste, der mir davon erzählte, was in Zahedan am Freitag, dem 30. September 2022, geschehen war – dem Tag, den die Belutschen seitdem den *Bloody Friday* nennen.

Der Zweite, der mir davon erzählt hat, war ein Mann von etwa fünfzig Jahren, der uns als Führer in der Makki-Moschee diente, der größten sunnitischen Moschee im Iran:

»Es war der Tag des Freitagsgebets. Wir Sunniten beten fünf Mal am Tag: ein erstes Mal bei Sonnenaufgang, ein zweites Mal in der Mitte des Tages, ein drittes Mal in der Mitte des Nachmittages, ein viertes bei Sonnenuntergang, ein letztes nach dem Ende der Abenddämmerung. Am Freitag versammeln wir uns in Zahedan, um fünfhundert Meter von hier entfernt im Freien auf einem Platz zu beten, der Großen Musalla. An jenem Freitag haben wir wie an allen anderen Freitagen bis zwölf, Viertel nach zwölf gebetet. Ich wohne ganz in der Nähe von hier, zehn Minuten zu Fuß, wenn ich niemanden treffe, eine Stunde, wenn ich Leute treffe, die ich kenne – und mit der Zeit, glauben Sie mir, da kenne ich Leute. Es gibt also die Große Musalla, den Gebetsplatz, und auf der anderen Straßenseite, gegenüber der Großen Musalla, eine Polizeistation.

An jenem Tag bildete sich gegen halb eins vor der Polizeistation eine kleine Gruppe, und die Leute fingen an, Parolen zu rufen. Es war zwei Wochen nach dem Tod von dem Mädchen in Teheran, sicher haben Sie davon gehört – sie ist schon bekannter als alle großen Persönlichkeiten des Irans, bekannter als Kyros der Große, bekannter als Darius, bekannter als Avicenna oder Ferdausi, bekannter als Amir Kabir und Ajatollah Khomeini. Mahsa Amini heißt sie. Das ist wegen Mahsa Amini, dachte ich. Die Parolen sind wegen ihr. Aber nein, es war nicht wegen ihr. Es war wegen eines anderen Vorfalls, und von diesem Vorfall haben Sie jetzt sicher noch nichts gehört, weil es in Belutschistan geschehen ist und Belutschistan von allem weit weg ist, niemand kennt es, niemand schert sich drum. Der Vorfall ereignete sich also in Tschabahar, im Süden von Belutschistan. Der dortige Polizeikommandant hat eine Ermittlung genutzt, um ein fünfzehnjähriges Mädchen zu vernehmen, und unter dem Vorwand, sie zu durchsuchen, hat er sich erlaubt, sie auszuziehen, und als er sie ausgezogen hatte, hat er sich erlaubt, sie zu vergewaltigen. Als das Mädchen nach Hause kam, hat sie natürlich alles ihrer Mutter erzählt. Die Mutter hat alles dem Vater erzählt. Der Vater ist in die Moschee gegangen, wo er alles dem Mullah erzählt hat. Und der Mullah hat nach dem Freitagsgebet alles den Gläubigen erzählt. Das Mädchen war Sunnitin, der Polizeikommandant war Schiit. Mehr braucht man hier nicht, um den Basar in Brand zu setzen.

Wir Sunniten machen neunzig Prozent der Muslime auf der Welt aus, aber kaum zehn Prozent im Iran. Alle anderen sind Schiiten. Die Sunniten dieses Landes findet man hauptsächlich in zwei Provinzen: in Kurdistan und in Belutschistan. Und wissen Sie, welches die zwei ärmsten, am schlimmsten diskriminierten, vom Regime am stärksten unterdrückten Provinzen sind? Genau, Kurdistan und Belutschistan. Wir sind acht Millionen Sunniten im Iran. Acht Millionen ist nicht wenig. Nun, lassen Sie sich gesagt sein, dass es in Teheran nicht eine einzige sunnitische Moschee gibt. Es gibt eine Kathedrale, katholische Kirchen, orthodoxe Kirchen, zoroastrische Tempel, Synagogen, aber keine sunnitische Moschee. Nicht eine einzige. Der Schah wollte nie eine, und Khomeini, der uns versprochen hat, eine zu bauen, hat sein Versprechen nicht gehalten. Das nennen sie Islamische Republik. Ja, vielleicht: aber des schiitischen Islams.

In Zahedan haben wir die schönste und größte sunnitische Moschee des Landes: Sie stehen darin. Was meinen Sie, wie viele Kuppeln sie hat? Zehn? Zwölf? Nein, viel mehr! Zweiundfünfzig! Und die vier Minarette, haben Sie die vier Minarette gesehen? Na, wie hoch sind sie? Fünfzig Meter? Sie machen Witze! Zweiundneunzig Meter! Und warten Sie, das ist nicht alles:

Wie viele Gläubige kann die Makki-Moschee aufnehmen? Zwanzigtausend? Oh, weit gefehlt! Sechzigtausend! Und dabei wird sie immer noch weiter ausgebaut! Kommen Sie mal mit.« Er führt uns in einen noch im Bau befindlichen Gebetsraum, wo sich Gerüste bis in fünfzig Meter Höhe erheben. Dort sind Arbeiter in traditioneller belutschischer Kleidung zugange, über die sie reflektierende gelbe Westen gezogen haben. Marek fotografiert sie.[1]

»Ich sagte also, dass gegen halb eins Leute vor der Polizeistation anfingen, Parolen zu rufen. Ein Polizist stieg auf das Dach der Polizeistation: Er war vollständig weiß gekleidet und hatte ein Sturmgewehr in den Händen. Einige haben Steine auf ihn geworfen, und anstatt Schutz zu suchen, fiel ihm nichts Besseres ein, als in die Menge zu schießen. *Bam, bam.*« Er tut so, als betätige er den Abzug, und ahmt die Gewehrschüsse nach. »Aber die Menge hat sich nicht zerstreut, nein, das hat sie erst richtig wütend gemacht: Es regnete Steine auf das Dach.

---

[1]  Ich sagte schon, dass Marek die ganze Zeit redete. Ich habe noch nicht gesagt, dass er alles fotografierte. Alles. Die Orte, die Menschen, alles. Ein Chinese in Paris. So viel, dass ich ihn manchmal warnen musste: »Pass auf, eines Tages bekommst du noch Probleme.« Aber Marek sah mich mit seinem strahlenden Lächeln an und fotografierte mich. Einen Monat später wurde er von den Revolutionswächtern festgenommen, nachdem er einen Tanklastwagen fotografiert hatte, und verbrachte zehn Stunden in Gewahrsam, bevor er ausgewiesen wurde. »Ein deutscher Staatsbürger«, berichteten die regimetreuen iranischen Zeitungen, »wurde aufgegriffen, als er in der Provinz Khusistan Fotos von *strategischer Erdöl-Infrastruktur* machte.«

Ich stand etwas weiter hinten, hatte meinen Gebets-
teppich über der Schulter und habe die Szene gefilmt.
Hier, sehen Sie.« Er nimmt sein Telefon und zeigt mir
ein Video von zwanzig Sekunden: die Polizeistation,
die Steine, der Polizist auf dem Dach, das Gewehr in
den Händen des Polizisten, alles ist drauf. »Zu dem
Polizisten kamen weitere Polizisten, es waren mindes-
tens drei, auch sie hatten Sturmgewehre und begannen
zu schießen. In jedem zivilisierten Land nimmt man
Tränengas, Wasserwerfer oder Gummigeschosse, um
eine Menschenmenge zu zerstreuen. Hier: Kriegswaffen.
Man schießt mit echter Munition. Man gibt sich Mühe,
auf den Kopf und das Herz zu zielen. Die Menschen
fielen, rannten, zogen sich Richtung Große Musalla
zurück. Sie sagten sich: Das ist ein heiliger Ort, dort
werden wir in Sicherheit sein. Aber die Polizisten schos-
sen in Richtung Große Musalla. Es gab Dutzende Verletzte, die auf Gebetsteppichen abtransportiert wurden.
Wenn man mir gesagt hätte, dass ich eines Tages meinen
eigenen Teppich nutzen müsste, um eine Trage daraus
zu machen. Hier, sehen Sie!« Er zeigt mir das Foto eines
Jungen, bestenfalls zwölf Jahre alt, das T-Shirt blut-
getränkt, die Wange von einer Kugel zerschossen. »Und
es wurde weiter geschossen, *bam, bam,* das Schießen
hörte nicht auf. Die Verletzten wurden in die Makki-
Moschee gebracht. Frauen haben ihre Kopftücher abgelegt und Druckverbände daraus gemacht. Ich habe nie
so viel Blut gesehen. Nie. Sechsundneunzig Tote. Wenn

das in Paris, Berlin oder New York passiert wäre, hätte die ganze Welt tagelang darüber geredet, sicher wochenlang, und es hätte auf den Titelseiten aller Zeitungen gestanden, aller Zeitungen, ohne Ausnahme, und die Staatsoberhäupter aller Länder hätten ihr Beileid bekundet. Und, hatten Sie davon schon gehört, vom Massaker von Zahedan? Ich meine vor heute – hatten Sie davon schon gehört?

Und Khodanur Lojei – haben Sie schon von Khodanur Lojei gehört? Er ist zu einem Symbol geworden: zum Symbol der Unterjochung aller Belutschen durch dieses verbrecherische Regime. Er war schön, er war jung – er war siebenundzwanzig –, er lachte gern, er liebte die Musik. Was Khodanur aber über alles liebte, war Tanzen. Suchen Sie seinen Namen im Internet, da werden Sie auf Videos von ihm stoßen, auf denen er tanzt. Und dann werden Sie vor allem ein Foto finden, auf dem er in einem Gefängnishof auf dem Boden sitzt, die Hände um einen Pfahl gefesselt. Als er Durst hatte, als er um etwas zu trinken bat, haben sie ein Glas Wasser vor ihn gestellt, aber *außer Reichweite:* Er konnte das Glas sehen, aber konnte es nicht erreichen. Um ihn zu demütigen, haben sie ihn fotografiert, und das Foto haben sie seiner Familie geschickt. Einen Monat später wurde er schließlich freigelassen. Das war einige Zeit vor dem *Bloody Friday.* Am nächsten Tag gab es erneut Demonstrationen, und Khodanur wurde von einer Kugel getroffen. Die Leute haben ihn ins öffentliche

Krankenhaus gebracht, aber hier ist das Krankenhaus den Revolutionswächtern unterstellt: Sie wollten ihn nicht operieren. Er ist am 2. Oktober gestorben. Wie viele Belutschen hatte er keine Geburtsurkunde und keinen Ausweis, sein Name steht in keinem Register. Erinnern Sie sich an ihn! Khodanur Lojei war sein Name.

Das Problem, sage ich Ihnen, besteht darin, dass Sie auf der einen Seite ein Volk haben, das entschlossen ist, ein verkommenes Regime zu entmachten, und auf der anderen ein verkommenes Regime, das entschlossen ist, sich an der Macht zu halten. Und die Männer, die dieses Regime bilden, werden vor nichts zurückschrecken, glauben Sie mir. Wir aber auch nicht. Und der Lärm ihrer Kugeln wird große Mühe haben, unsere Stimmen zu übertönen. Seitdem demonstrieren wir jeden Freitag. Ich habe keine Angst zu sterben. Ich hoffe nur, dass ich lang genug lebe, um zu sehen, wie dieses Regime stürzt, um den Tag zu erleben, an dem der Iran der Unterdrücker sich dem Blick des Irans der Unterdrückten stellen muss. Diesen *Bloody Friday* werde ich niemals vergessen. Niemals. Sechsundneunzig Tote an einem einzigen Tag. So gesagt, ist das eine Statistik. Aber es sind nicht einfach sechsundneunzig Tote. Es ist sechsundneunzig Mal *ein* Toter. Und wissen Sie, was man sagt? Hinter jedem, der stirbt ...«

»... stehen tausend andere auf.«

Zahedan, Makki-Moschee.

## Zahedan – Teheran

Für die Zugfahrt von Zahedan nach Teheran muss man zweiundzwanzig Stunden rechnen oder länger, wenn der Wind die Strecke versandet. Dann bleibt der Zug stehen, die Schaufeln werden rausgeholt, die Gleise freigemacht und es geht weiter. Man hat ein oder zwei Stunden verloren, aber man konnte die Landschaft genießen. Und mit etwas Glück hat man sogar Kamele gesehen.

Ein Schaffner, der sich etwas darauf einbildete, ein bisschen Französisch zu können, lud mich in sein Abteil ein. Eine gute Gelegenheit für mich, Safran-Tee zu trinken, und für ihn, all die Wörter herunterzubeten, die ihm wieder einfielen: *Bonjour, Adieu, Fontaine, Coquelicot.* Aber das war nicht alles! Er kannte auch Eigennamen: de Gaulle, Macron, Zidane und dann … dann … Es lag ihm auf der Zunge. Aber nein, er kam nicht drauf. Ob ich ihm vielleicht helfen könne? Er ahmte ein Pferd nach, dann einen Säbel, dann schob er eine Hand unter die Weste.

Ich probierte es: Napoleon?

Ja, das war's! Napoleon!

Und er lächelte wie ein alter Haudegen, der sich an Austerlitz oder Wagram erinnert.

Draußen vor dem Fenster hüllte die Nacht allmählich die Wüste ein. Der Schaffner wollte wissen, ob ich das *beautiful* fände. Ja, sagte ich, *very beautiful.* Hin und wieder sonderte er weitere Wörter ab – *table, frite, jardin –,* die ihm plötzlich einfielen. Und dann nichts mehr. Die Quelle war versiegt. Er mochte sich noch so sehr anstrengen, die Stirn in einem extremen Bemühen, sich zu erinnern, runzeln, er musste sich den Tatsachen beugen, seine Vorräte waren erschöpft. Ich dankte ihm für den Tee; er beharrte darauf, mich zu meinem Abteil zurückzubegleiten, das ich mit einem Pakistani aus Quetta, drei Belutschen und einem Afghanen teilte, der einen starken Safrangeruch verbreitete. Sie schliefen bereits, aber bei mir war an Schlaf nicht zu denken. Ich reiste erst seit einem Monat durch dieses Land, und schon war ich nicht mehr derselbe. Man reist weniger, um über andere Orte zu staunen, als vielmehr, um mit veränderten Augen zurückzukehren. Und um die vergehende Zeit zu dehnen: Zu Hause zerrinnen die Stunden unter unseren Fingern; auf Reisen hat ein einziger Tag die Dichte einer Woche, eine Woche die eines Monats, ein Monat die eines Jahres, ein Jahr die eines ganzen Lebens. Der Zug fuhr vom Südosten nach Nordwesten durch die Landschaften, die ich von West nach Ost durchquert hatte. Bam, Lut, Kerman, Jasd … Noch vor einem Monat waren das nur Namen. Jetzt waren es bereits Erinnerungen.

Begünstigt von der Nacht, stiegen Wörter, die der Schaffner vergessen glaubte, aus den Limben seines Gedächtnisses empor. Dann kam er angerannt, schob die Tür auf, streckte triumphierend den Kopf herein und rief:

»Ratatouille!«

Oder auch:

»Chèvrefeuille!«

Oder gar:

»Louis XIV!«

Gegen drei oder vier Uhr, während der Zug über das iranische Hochland fuhr, bekam ich sogar ein dröhnendes »Barbichette« präsentiert, das meine Abteilgefährten weckte und mich nachdenklich stimmte. Mittags war ich in Teheran.

## Teheran – Zurück im Hostel

Im Hostel – dem, in dem ich bereits einen Monat zuvor untergekommen war – hatte jemand eines Abends das Foto von Ajatollah Khamenei von der Wand genommen. Man hatte es in der Komposttonne, zwischen Orangenschalen und Fischgräten gefunden; Freiwillige, um es dort herauszuholen, hatten sich nicht gerade gedrängelt. Die paar jungen Frauen, die noch nicht auf das Kopftuch verzichtet hatten, machten jetzt Schals daraus: Sie trugen sie so nachlässig im Nacken, dass sie nicht das kleinste Haar bedeckten. Die Afghanen waren abgereist: Sie hatten schließlich ihr Visum für Mexiko bekommen. Habib war seines für Australien verweigert worden: Er war zurück in Kabul, und da er Geschmack am Deutschen gefunden hatte, machte er jetzt Online-Kurse. Von Dhananjay hatten wir keine Nachricht; wir hofften, dass er auf seiner griechischen Insel mit Blick auf die Ägäis saß.

*

In meinem Zimmer konsultierte ich mein Telefon, um nach Nachrichten über den Iran zu sehen.

Ein paar tapfere Reporter legten, so gut es eben ging, weiter *die Feder in die Wunde des Regimes* und informierten uns unter Lebensgefahr. Da war zum Beispiel der Korrespondent einer französischen Zeitung. Jede Woche las ich seinen Artikel über die Ereignisse. Vor meinem Abflug nach Teheran hatte eine Freundin den Kontakt zu ihm hergestellt: »Schreib ihm und beruf dich auf mich, er ist vor Ort, kennt Leute und wird dir Empfehlungen geben können.« Ich hatte ihm eine Mail geschrieben, in der ich ihm sagte, ich würde demnächst in den Iran reisen und es wäre mir eine große Ehre, wenn wir uns treffen könnten.

Seine Antwort – weder ein Guten Tag noch ein Danke (keine Zeit für derlei nutzlose Höflichkeiten, wenn man sich im Feuer der Aktion befindet) – bestand aus zwei Zeilen:

»Denken Sie wirklich, es ist eine gute Idee, jetzt in den Iran zu reisen? Fahren Sie nicht. Das ist kein Spaß.«

Ich war über das Alter hinaus, in dem man mit mir

spricht wie ein Vater mit seinem achtjährigen Sohn. Ich kannte die Risiken, ich hatte sie abgewogen, und meine Entscheidung war gefallen. Ich schrieb ihm noch einmal: Mein Flug werde am folgenden Mittwoch in Teheran ankommen, ob er mir vielleicht wenigstens ein, zwei Stunden widmen könne usw.

Diesmal beschränkte sich seine Antwort auf ein Wort:

»Unmöglich!«

Ich war zwangsläufig ein bisschen enttäuscht. Andererseits verstand ich es. Der Arme, sicher war er gerade überlastet, hatte keine Zeit…

»Sie haben es nicht begriffen, junger Mann. Ich kann Sie in Teheran nicht treffen, weil ich…«, gab er schließlich zu, »… in Paris bin.«

In Paris!

Wozu im Iran sein, um über den Iran zu schreiben? Schließlich hatte auch Arthur Rimbaud *Das trunkene Schiff* geschrieben, ohne das Meer gesehen zu haben. Im Lichte dieser Enthüllung, die in seinen Artikeln nie thematisiert wurde, hatte ich sie einen nach dem anderen noch mal gelesen. Sie wimmelten von Einzelheiten, die wahrer als wahr waren, zusammengetragen mitten im Geschehen. Wenn er die jungen Frauen beschrieb, die barhäuptig durch die Straßen der Großstädte liefen, waren wir an ihrer Seite. Wenn die Tränengasgranaten von den Einsatzkräften verschossen wurden, begannen unsere Augen zu tränen. Wenn die Türen der Verliese sich hinter der iranischen Jugend schlossen, hörten wir sie in den Angeln quietschen. Und all das war fünftausend Kilometer von Teheran entfernt erdacht, verfasst, redigiert worden. Ich beneidete ihn. Ich war dazu unfähig: nicht genug Fantasie. Um mir eine Vorstellung von einem Ort machen zu können, musste ich an Ort und Stelle sein.

Aber an Ort und Stelle wurden die Journalisten verhaftet. Niloofar Hamedi, die den Tod von Mahsa Amini öffentlich gemacht hatte: im Gefängnis. Elaheh Mohammadi, der über ihre Beisetzung berichtet hatte: im Gefängnis. Um das Maß voll zu machen, hatte man auch ihren Anwalt festgenommen. Wer über die Demonstrationen berichtete, wurde bedroht, bedrängt, polizeilich überprüft, eingesperrt, der Spionage für Israel oder die Vereinigten Staaten beschuldigt und bekam wegen »Beleidigung des Islam« oder »Aufstachelung zum Kampf gegen die Regierung der Islamischen Republik« bis zu zehn Jahre Gefängnis. Die Presse war mundtot gemacht, das Internet zensiert, die sozialen Netzwerke blockiert – Twitter, Facebook, Instagram, Telegram, WhatsApp, YouTube: Zutritt verboten.[1] Aber die Iraner waren zu Meistern in der Kunst geworden,

---

1  Erstaunlicherweise funktionierte ein Programm ohne VPN: Skype. Die meisten Unterhaltungen mit Iranern fanden also auf Skype statt.

die Zensur zu umgehen, und nach »Wie geht es dir?«
war die meistgestellte Frage: »Was nutzt du eigentlich
als VPN?«

Und die ausländischen Journalisten? Es gab keine
ausländischen Journalisten mehr. Diejenigen, die sich
vor dem Tod von Mahsa Amini im Iran befanden,
hatten gehen müssen. Den anderen erteilte die Islamische Republik kein Visum mehr. Sie wollte in aller
Ruhe und ungestraft unterdrücken, ohne dass diese
Nervensägen von Schreiberlingen sich einmischten. Ergebnis: Der größte Teil der Informationen, die uns aus
dem Iran erreichten, waren bruchstückhaft, fragmenta-
risch und vor allem: aus zweiter Hand. Man berichtete
das, was andere gesehen hatten. Man zeugte für die
Zeugen.


*Täbris*


»Oh, oh! Täbris im Winter? Das ist nicht Ihr Ernst!«
Überall hatte man mich gewarnt. Man müsse verrückt
sein, sich in dieser Jahreszeit nach Ost-Aserbaidschan
zu wagen. Der Boxer, dem ich in Bam von meinem
Plan erzählt hatte, nach Täbris zu fahren, hatte sich an
die Stirn getippt. Seine Frau hatte nach meiner Hand
gegriffen: »Täbris... Im Winter... Mit so schönen

Händen!« Als würde ich dort meine Finger lassen. Sie waren nie dort gewesen, aber sie konnten ein Thermometer lesen. Und für sie als Wüstenbewohner überstiegen Minusgrade jedes Vorstellungsvermögen.

Was mich viel mehr quälte, war mein Nacken. Nach zwei Nächten ohne Kopfkissen im Zelt und einer weiteren bei dem Opiumsüchtigen auf dem Teppich hatte ihn die zweiundzwanzigstündige Zugfahrt endgültig blockiert. Ich konnte den Kopf noch ein paar Grad nach links drehen, aber nach rechts – keine Chance. Der Schmerz zog über die Halswirbel bis in die Schultern. Alles verknotet, da musste Ordnung geschafft werden.

In Täbris hatte sich Marek mit Amir angefreundet, einem sechsundzwanzigjährigen Tausendsassa mit einer Vorliebe für Autos und Anatomie: Er verdiente sich sein Leben damit, alte Autos zu reparieren und menschliche Körper zurechtzubiegen. Na ja! Ein Mechaniker-Osteopath, den wollte ich mir erst mal ansehen. »Sag mal, warst du nicht auch eine Zeit lang Hockeyspieler und Schriftsteller?« Ein Punkt für Marek.

Amir hatte keine Praxis. Er behandelte zu Hause. Und weil er auch kein Zuhause hatte (er wohnte bei seinen Eltern), bestellte er mich in einen Park. Er war nicht der Typ, der einen lange massiert, um die Muskeln zu entspannen und die Bänder geschmeidig zu machen. Die sanfte Methode war nichts für ihn. Er bevorzugte die strukturelle Osteopathie, ein kräftiger Ruck, das Konzert der knackenden Gelenke. Und es funktionierte! In kaum drei Minuten brachte er mich wieder in Form. Den Rest der Sitzung verbrachten wir damit, durch die Gassen des Basars zu schlendern und uns zu unterhalten. Amir hatte eine Brille, langes braunes Haar, das bis über die Schultern fiel, und einen tiefen Hass auf die Mullahs.

»Was halten Sie vom Regime?«

Diese Frage hatte ich in den letzten Wochen bestimmt hundert Iranerinnen und Iranern jeden Alters, in Teheran und anderswo gestellt, auch in den abgelegensten Ecken. Abgesehen von Abul und Qasim, den Mullah-Novizen aus Jasd, die befangen waren (und außerdem keine Iraner, sondern Afghanen), hatte ich nur einen Menschen, *einen einzigen,* getroffen, der der absoluten Mullahrchie etwas Gutes abgewinnen konnte: Yassin, den pensionierten Lehrer, der mich auf der Straße nach Isfahan mitgenommen hatte. Natürlich kann man sich vorstellen, dass die Gegner des Regimes eher geneigt sind, mit Ausländern zu sprechen, die vermutlich so denken wie sie. Trotzdem, einer von hundert, ich weiß nicht, inwieweit das etwas aussagt, aber es sagt etwas aus.[1] Der Groll eines ganzen Volkes kris-

---

1 Ende November 2022 haben Aktivisten die Website von Fars News gehackt, eine »unabhängige« Presseagentur, die in Wirklichkeit von den Revolutionsgarden beherrscht wird (die Iraner nennen sie »False News«). Die Hacker haben eine Umfrage entdeckt, die das Regime wohlweislich unveröffentlicht gelassen hat: Daraus ging hervor, dass 87 % der Iraner die Forderungen der Demonstranten unterstützten.

tallisierte sich in einer Person: im Obersten Führer, Ajatollah Khamenei. Für manche war es mehr als Groll,
mehr als Feindseligkeit, es war das, was man tatsächlich
Hass nennen muss, reiner, harter, unstillbarer Hass,
und ich habe niemanden getroffen, der Khamenei mit
größerer Inbrunst verabscheute als Amir. Amir nannte
ihn auch nicht Khamenei, sondern Khayemani – eine
Zusammenziehung von *khaye ye mani*: sinngemäß »fick
dich«.

Amirs Eltern hatten ihn in einem strengen Islam er-
zogen. Sie hatten ihn gelehrt, an Gott zu glauben, also
glaubte Amir an ihn, ohne sich allzu viele Fragen zu
stellen. Als er eines Tages aus der Schule kommt, sieht
er eine Frau, die bis zur Brust eingegraben ist, und wenige Meter entfernt Männer mit Steinen in der Hand.
Die Steine dürfen »nicht so groß sein, dass die Person
getötet wird, wenn sie von einem oder zwei davon getroffen wird, und auch nicht so klein, dass man sie nicht
mehr als Stein ansehen kann«, wie es in Artikel 104 des
Iranischen Strafgesetzbuches heißt (aber das wird Amir
erst später erfahren). Er erkennt, dass es eine Frau ist,
weil sie einen Tschador trägt, aber ihr Gesicht ist nicht
zu sehen. Ihr Kopf steckt in einem Leinensack. Dafür
sieht er die Gesichter der Männer mit den Steinen in
der Hand, und er sieht die Freude in ihren Augen, als
sie anfangen, die Steine zu werfen, ihr zufriedenes Grin-
sen, als sich das Leinen rot färbt, während die Steine auf
die Frau niedergehen. Diese Steine werfen sie im Na-

men Allahs. Allah ist groß, sagen die Männer, und sie werfen nicht zu große und nicht zu kleine Steine auf den Sack.

Zu Hause erzählt Amir, was er gesehen hat, aber sein Vater reagiert mit einem Schulterzucken – wenn die Frau gesteinigt wurde, hat sie es wohl verdient. Amir mag vielleicht ein bisschen begriffsstutzig sein, aber er kann sich nicht vorstellen, wie eine Frau es verdienen kann, dass Männer Steine auf sie werfen. Irgendetwas stimmt da nicht. Und was hat Gott mit alldem zu tun? Amir ist zwölf und in seinem zwölfjährigen Kopf wächst eine Frage, die er heute so formuliert wie einst Epikur: »Entweder will Gott das Übel abschaffen und kann nicht, oder er kann und will nicht, oder er kann nicht und will nicht, oder er kann und will. Wenn er will und nicht kann, dann ist er schwach. Wenn er kann und nicht will, ist er schlecht. Wenn er nicht will und nicht kann, ist er schwach und schlecht. Wenn er will und kann, warum tut er es nicht?« Diese Frage stellt er seinem Vater, der kurz überlegt, mit der Hand über den Bart streicht – wie alle Frommen trägt er einen Bart –, seinem Sohn befiehlt, den Oberkörper zu entblößen, und ihn mit dem Gürtel auspeitscht – das wird ihn lehren, an Allahs Größe zu zweifeln. Amir befreit sich von seiner religiösen Erziehung, verbirgt jedoch seinen Atheismus hinter einer gespielten Frömmigkeit – eine umgekehrte *Taqiya*. An seinem achtzehnten Geburtstag teilt er seinen Eltern mit, dass die Religion ein Haufen

Mist und ihr Gott ein Schwachkopf ist. Von diesem Tag an sprechen seine Eltern nicht mehr mit ihm; er darf weiter bei ihnen wohnen, aber sie werden nie mehr das Wort an ihn richten – was soll's, denkt Amir, das ist mir eigentlich ganz recht. Von da an macht er nicht mehr viel, geht nicht mehr zur Schule, verbringt seine Zeit mit Videospielen in seinem Zimmer, entdeckt die weichen Drogen, probiert die harten aus, wichst vor Amateurpornos und lässt sich entjungfern, kurz, ein schönes Leben, und es könnte so weitergehen, wäre da nicht der verfluchte Militärdienst.

Haben die Würdenträger des Regimes *1984* gelesen? Auf jeden Fall haben sie eine Lehre daraus verinnerlicht: Die wirksamste Maßnahme, Protestbestrebungen im Land zu ersticken, ist die Mobilisierung der Bevölkerung gegen einen äußeren Feind. In Orwells Dystopie ist Ozeanien entweder im Krieg gegen Eurasien oder im Krieg gegen Ostasien, entscheidend ist, dass man ständig kämpft und einen Feind hat, den man schmähen kann. Im Iran hat in den 1980er Jahren Saddam Husseins Irak diese Rolle gespielt. Dank der Invasion des Iraks im Iran konnte Khomeini das Regime festigen. Heute ist der regionale Rivale Saudi-Arabien, und dann gibt es natürlich den »kleinen Satan« und den »großen Satan«, die Erbfeinde der Islamischen Republik. Es ist zwar kaum vorstellbar, dass Israel oder die USA das Land angreifen, aber man kann es der Bevölkerung einreden, um die unmittelbar drohende Gefahr immer lebendig zu halten. Ergebnis: ein Militärdienst von achtzehn bis vierundzwanzig Monaten, um die patriotischen Gefühle der Jugend zu stärken. Obligatorisch, mit Ausnahmen, wenn zum Beispiel der Vater gestorben ist und man für die Familie sorgen muss. Ansonsten hat man keine Wahl. Das heißt, man kann sich natürlich drücken, aber dann gilt man als Deserteur, dem verschiedene Rechte abgesprochen werden. Man bekommt keinen Pass, kann also nicht ins Ausland reisen, darf kein Auto oder Haus kaufen, wird nicht im öffentlichen Dienst eingestellt, bekommt keine Krankenversicherung und so weiter. Wenn man nicht bis an sein Lebensende am Rand der Gesellschaft leben will, gehört der Militärdienst für einen jungen Iraner zu den Unannehmlichkeiten, denen man sich ebenso wenig entziehen kann wie eine junge Iranerin dem Tragen des Kopftuchs in der Öffentlichkeit.

Amir wird nach Mahabad in der Provinz West-Aserbaidschan geschickt. Vier Stunden Bus, das geht, nicht allzu weit weg von zu Hause. Er hätte sich auch am anderen Ende des Landes wiederfinden können, in Maschhad oder Jasd oder in einer der Städte, in denen man das halbe Jahr vor Hitze erstickt; in Aserbaidschan sind die Sommer mäßig warm und die Winter eisig (Amir liebt die Kälte: Wenn er in ein Land seiner Wahl ziehen könnte, wäre es Norwegen). Und so schlecht ist der Militärdienst gar nicht. Nur eines geht ihm auf die Nerven: der Fahnengruß. Zweimal am Tag, morgens und abends, steht man in Reih und Glied auf dem Hof, auch im Winter, auch bei minus 5 °C, und dann sprechen alle immer denselben Text: »Tod denen, die gegen unseren Obersten Führer sind, Tod Großbritannien, Tod den USA, Tod Israel« und so weiter. Aber ansonsten gefällt ihm das Kasernenleben, das Exerzieren, der Umgang mit den Waffen, die Uniform überraschend gut. Und der Militärdienst verschafft ihm überraschende Erkenntnisse über sich selbst und über die anderen. In wenigen Tagen entstehen unzerstörbare Beziehungen, feste Freundschaften auf Leben und Tod. Zu Amirs neuen Freunden gehört Hossein. Man sieht ihm an, dass er nicht fürs Militär gemacht ist. Hossein ist ein netter Junge, vom Typ *Macht Liebe, nicht Krieg,* der Gänseblümchen pflückt und die Blütenblätter einzeln abrupft, um zu wissen, ob und wie sehr man ihn liebt, ein bisschen, sehr, leidenschaftlich, und der aus seinem Gewehrlauf gern eine Vase machen würde, um eine Rose hineinzustecken. Eines Tages stehen Amir und Hossein zehn Meter voneinander entfernt vor der Kaserne Wache, als Amir sieht, wie der Freund sein Gewehr senkrecht stellt und sich wie in *Full Metal Jacket* das Gehirn wegbläst. Das Blut spritzt, es ist grauenhaft, aber noch grauenhafter ist, dass Hossein nicht tot ist. Sein Kiefer ist abgerissen, er hat ein Loch im Nacken, doch er zuckt noch in den Armen Amirs, der seinen Vorgesetzten um die Erlaubnis anfleht, sein Leiden zu verkürzen. Antwort des Vorgesetzten: »Selbstmord ist

Desertion, lass ihn krepieren wie einen Hund, und wenn du ihm hilfst, kommst du vors Kriegsgericht.« Hosseins Todeskampf dauert fünfundzwanzig Minuten, in denen Amir ihn in den Armen hält. Am nächsten Tag ersetzt Amir beim Fahnengruß »Tod denen, die gegen unseren Obersten Führer sind« durch »Tod unserem Obersten Führer«, eine Majestätsbeleidigung, auf die natürlich die Todesstrafe steht. Unterdrücktes Lachen, alle Blicke richten sich auf ihn, er landet im Arrest. Er verbringt zwei Wochen in Einzelhaft, ohne das Tageslicht zu sehen, und als er es sieht, steht er vor der Militärjustiz, die, wie seit Clemenceau jeder weiß, im Vergleich zur Justiz ungefähr das ist, was die Militärmusik im Vergleich zur Musik ist: ein Witz. Man fragt ihn, warum er das gesagt hat. Amir antwortet, er habe nichts gesagt. Er soll versprechen, das nie wieder zu sagen. Was sagen?, fragt Amir. Ich habe nichts gesagt. Aber warum haben sich dann alle Blicke auf ihn gerichtet? Keine Ahnung, beharrt Amir, ich habe nichts gesagt. Er verbringt weitere zwei Wochen im Gefängnis, man würde ihn gern verurteilen, aber man hat keinerlei Beweise, seine Regimentskameraden sind solidarisch und erklären, sie hätten nichts gehört, und schließlich nutzt Amirs Vater, der seit vier Jahren nicht mit seinem Sohn gesprochen hat, seine Beziehungen. Amir wird freigelassen, angeblich hat man seine Akte verlegt. Er bekommt drei Monate zusätzlichen Dienst aufgebrummt und kehrt zu seinem Regiment zurück. Als er endlich ins Zivilleben zurückkehrt, eröffnet Amir als Erstes ein Sparkonto. An jedem Monatsersten legt er eine kleine Summe zurück, und selbst in mageren Zeiten rührt er das Geld nicht an. Dieses Geld hebt er auf, um irgendwann den schönsten Tag seines Lebens zu feiern.

»Lass mich raten. Deine Hochzeit?«

»Nein.«

»Die Geburt deines ersten Kindes?«

»Nein.«

»Was dann?«

»Der Tod von *Khayemani*.«

\*

»Ein Spiegel, der eine Landstraße entlangspaziert«: So definiert Stendhal den Roman.[1] Aber Stendhal hat sich geirrt. Der Spiegel, der eine Landstraße entlangspaziert, ist der Reisebericht. Man geht mit einem Spiegel in der Hand von Stadt zu Stadt: Darin spiegeln sich Landschaften und Gesichter, man beschreibt die einen, schreibt über die anderen; viele vergisst man. Das von Ali aus Täbris werde ich bestimmt nicht vergessen: das Gesicht eines schelmischen Alten mit Fältchen in den Augenwinkeln und einem sehr sanften Lächeln, das mich an das meines Vaters erinnert.

---

1  Stendhal, *Rot und Schwarz*, deutsch von Elisabeth Edl, Hanser, München 2004, S. 474.

Arbeit interessiert ihn nicht. Ihn interessiert vielmehr, sich die Touristen auf der Straße zu schnappen, sie bis zu seinem Laden zu schleppen und mit ihnen Tee zu trinken. Er ist neunundsechzig und bringt seit seinem zehnten Lebensjahr in seinem winzigen Laden in der Artesh'e-Shomali-Straße Nähmaschinen auf Vordermann. Als der Toman noch nicht so entwertet war, fehlte es ihm nicht an Arbeit. Irgendeine alte Singer gab es immer zu reparieren. Aber seit der Inflation kommen kaum noch Kunden. Macht nichts. Die ungeplante Freizeit nutzt er für das, was er für die Quintessenz seines Lebens hält: mit Unbekannten von anderswo und von so weit her wie möglich Tee trinken. Er spricht kaum Englisch, nur ein paar Worte. Aber muss man dieselbe Sprache sprechen, um sich zu verstehen? Ein Lächeln, Blicke, zwei dampfende Tassen reichen aus. Alles andere: überflüssig, unnötiges Geschwätz.

Er ist ziemlich stolz, wenn er erzählt, dass sich in seinem Laden die ganze Welt ein Stelldichein gegeben hat. Zum Beweis hält er einem achtzehn Hefte mit Einträgen von Touristen unter die Nase, eintausendzweihundert bis jetzt, in unzähligen Sprachen: Französisch, Italienisch, Deutsch, Slowakisch, geschrieben auf Kyrillisch und Arabisch, in japanischen Kanji, chinesischen Hànzì und sogar auf Hebräisch.

Aber das Schönste ist, dass Ali seine Hefte nie aufschlägt, wenn er allein ist.

Warum nicht?

Weil er kaum lesen kann, er ist Analphabet.


Wenn Alis Hefte bis 1954 zurückgingen, hätte man darin vielleicht ein paar Worte von zwei Schweizern lesen können. Doch als sie den Winter jenes Jahres in Täbris verbringen, liegt Ali noch in der Wiege. »Das Nomadendasein ist etwas Sonderbares«, schreibt Bouvier. »Man macht fünfzehnhundert Kilometer in zwei Wochen und rast wie der Wind durch ganz Anatolien. Dann kommt man eines Abends, wenn schon alles dunkel ist, in eine Stadt, wo schmale Säulenbalkone und ein paar frierende Truthühner einem zuwinken. Man trinkt mit zwei Soldaten, einem Schullehrer, einem staatenlosen Arzt, der Deutsch spricht. Man gähnt, streckt sich, schläft ein. In der Nacht beginnt der Schnee zu fallen. Er bedeckt alle Dächer, erstickt die Stimmen, blockiert die Straßen, und man bleibt sechs Monate in Täbris, Aserbaidschan.«[1]

Bouvier und Vernet mieten sich zwei weiße, niedrige Zimmerchen in einem kleinen Hof im armenischen Viertel. In den Wänden sind Nischen für die Ikonen, den Samowar und die Petroleumlampen. Der Maler zieht Leinen für seine Bilder auf, der Schriftsteller holt einen Stapel Schreibpapier vom Basar und säubert seine

---

1   Bouvier, S. 113.

Schreibmaschine: »Niemals erscheint die Arbeit verlo-
ckender, als wenn man sich gerade dranmacht. Darum
ließen wir sie liegen und zogen aus, um die Stadt zu entdecken.«[1]

»Die Stadt war so schön«, erzählt Bouvier über Täbris, »dass die Mongolen sie vor lauter Bewunderung
nicht zu zerstören wagten, und Ghassan Khan, ein
Nachkomme von Dschingis Khan, begründete dort
einen der glänzendsten Höfe Asiens. Heute ist von der
ganzen Pracht nichts mehr übrig als die riesige Zitadelle,
die unter der allwinterlichen Schneelast langsam ein-
stürzt, das Labyrinth des Basars und eine im ganzen
Islam hochberühmte Moschee, deren blaue Emailtür
noch sanft leuchtet.«[2]

Unter dem Schah hatte man die Zitadelle zerstört,
sechzig Jahre später stand nur noch ein rissiges Mauer-
stück, das man im Vorbeigehen kaum eines Blickes
würdigte; der Bau eines Einkaufszentrums war im Gespräch. Die gewölbte Fassade der »im ganzen Islam
hochberühmten« Moschee wurde von einem gelb-
schwarzen Gerüst aufrecht gehalten; bei jedem Wind-
stoß verlor sie ein paar ihrer kostbaren Emaille-Kacheln,
die fünf bis zehn Meter tiefer auf den Pflastersteinen in
türkisblaue Splitter zersprangen. Es blieb der Basar,

1  Bouvier, S. 122.
2  Bouvier, S. 118 f.

durch den ich mit Ali schlenderte. Seine durchbroche-
nen Kuppeln ließen das Tageslicht herein. An jenem
Tag fiel es auf einen Verkäufer mit Mütze und Schaf-
wollmantel, der damit beschäftigt war, zwischen Daumen und Mittelfinger die Enden seines Schnurrbarts zu
zwirbeln.

Nach einem Aufenthalt in Mahabad, wo ihnen ein
Polizeihauptmann in seinem Gefängnis Gastfreund-
schaft gewährt, kehren die beiden Schweizer nach Täbris zurück, dann verlassen sie es endgültig und machen
sich auf den Weg nach Mianeh, dann nach Qazvin, bis
nach Teheran, wo sie im April ankommen. Es folgen
Isfahan, Schiras, Jasd, Abarkuh, Kerman, Bam, Belutschistan – all die Orte, durch die ich achtundsechzig
Jahre später gekommen war. Dann wird die Piste zur
Straße, dann zur »Allee unter dem lockeren Geäst der
riesigen Eukalyptusbäume«.[1] Sie sind in Quetta in Pakistan angekommen. Bouvier verliert dort sein Manu-
skript (ein dicker Umschlag, vom Hotelboy aus Unacht-
samkeit weggeworfen), die ganze Arbeit des Winters ist
auf einer Müllhalde begraben, in der er unter dem Blick
der Geier vergeblich wühlt; und sein Bericht wird durch
diese unauffindbaren Seiten großartig bereichert. Dann
geht es nach Afghanistan, Kandahar, Sarai, Kabul mit
seinen »Drachen, die hoch über dem Basar am Herbst-

---

1 Bouvier, S. 287.

himmel schweben«.[1] *Die Erfahrung der Welt* endet am Khaiberpass, aber für Nicolas Bouvier geht die Reise weiter; später folgen Indien und Ceylon, Japan (wenn es in Japan regnet, ist »der Himmel wie ein leuchtender Schwamm, den eine große Hand ausdrückt und wieder loslässt«[2]), die Aran-Inseln, Korea, dann China, und noch später der Friedhof von Cologny, Ende der Reise – wo mir die Idee zu meiner kommen sollte. Mein Visum war noch zehn Tage gültig, ich hatte es nicht eilig. Noch blieb mir Zeit, um dahin zu fahren, wo alles angefangen hatte, nach Saqqez in der iranischen Provinz Kurdistan.

## *Saqqez*

Zwei Videos. Auf dem ersten eine etwa fünfzig Jahre alte Frau, die auf einem Hügel aus frischer Erde kniet. Immer wieder klaubt sie eine Handvoll davon auf, klagt, ruft den Himmel zum Zeugen an, reißt die Blütenblätter einer Rose ab. Die Umstehenden bilden einen Kreis und nehmen sich in die Arme oder unterdrücken ihr Schluchzen oder bedecken die Augen, als wollten sie

---

1 Bouvier, S. 347.
2 Nicolas Bouvier, *Japanische Chronik,* deutsch von Giò Waeckerlin Induni, Lenos, Basel 2002, S. 82.

vor ihrem Blick verbergen, was das Herzzerreißendste auf dieser Welt ist: eine zerstörte Mutter auf dem Grab ihrer Tochter. Es ist ein Samstag im September 2022 auf dem Friedhof von Aychi, einem Dorf zehn Autominuten von Saqqez entfernt. Um Zusammenrottungen zu vermeiden, wollten die Behörden die junge Frau nachts begraben lassen, aber die Familie hat erreicht, dass sie am Morgen beigesetzt wird. Es ist kurz nach zehn Uhr, und die Mutter ruft den Vornamen ihrer Tochter: Jina, Jina! Jina ist der kurdische Vorname von Mahsa Amini (die iranischen Behörden weigern sich, Vornamen kurdischer Herkunft einzutragen). Schau, sagt die Mutter, die Leute sind wegen dir da. Die Leute, von denen sie spricht, sieht man auf dem zweiten Video: Dicht aneinandergedrängt stehen Hunderte Männer und Frauen auf dem Friedhof. Die Frauen haben ihr Kopftuch abgelegt, die Männer die Fäuste erhoben. Irgendwo beginnt irgendjemand zu rufen, »Tod dem Diktator«, und alle wiederholen »Tod dem Diktator«. Dann beginnt irgendwo irgendjemand zu rufen *Jin, Jiyan, Azadi* – das ist Kurdisch, auf Persisch heißt es *Zan, Zendegi, Azadi,* auf Deutsch: Frau, Leben, Freiheit. Drei Worte, die man wie Éluard wieder und wieder schreiben sollte, überall und ständig,

Auf die Kuppeln der Moscheen
Auf die Turbane der Mullahs
Auf die Gitterstäbe der Gefängnisse

Auf die Flagge des Irans
Auf die tausendjährigen Zypressen
Auf die Gräber der Dichter
Auf die Tore der Basare
Auf die Dünen der Wüste
Auf die brennenden Schleier
Auf die aufgegebene Angst
Auf den wiedergefundenen Kampf
Und auf die wiedergekehrte Hoffnung

Frau
Leben
Freiheit

*

Der Bus am Busbahnhof von Täbris trug an der vorderen Stoßstange eine Inschrift auf Englisch: *God plase help me* (das ist kein Druckfehler, es fehlte tatsächlich ein e). Saqqez liegt auf der Strecke nach Sananday, der Endstation und der Hauptstadt von Kurdistan; der Fahrer war bereit, mich dort abzusetzen. Neun Stunden Fahrt, man versucht zu lesen, man versucht zu schreiben, man versucht zu schlafen, es gelingt einem weder zu lesen noch zu schreiben noch zu schlafen, und als Mitternacht vorbei ist, steht man mit seinem Rucksack am Stadtrand von Saqqez, kein Telefonempfang und natürlich kein Taxi. Fehlte nur noch, dass es anfing zu regnen: Es fing an zu regnen.

Ich war entlang der Straße losgelaufen, als ein Auto, das mich gerade überholt hatte, bremste und ein paar Meter weiter anhielt. Es war eine schwarze Limousine mit getönten Scheiben, ungewöhnlich in der Islamischen Republik, wo es sich bei zwei Drittel der Autos um weiße oder grau-metallic-farbene Peugeots Pars handelt – im Iran zusammengebaute Peugeots 405 mit 1,6-Liter-8-Ventiler-Motor und 101 PS (ich schreibe, was ich gelesen habe, in Wahrheit kenne ich mich damit null aus). Der Regen, den der Scheibenwischer sanft wegwischte, überzog das rote Licht der Rückleuchten mit Streifen; dann gingen simultan alle Blinker an: Der Fahrer hatte die Warnblinkanlage eingeschaltet. Ein wacherer Geist hätte darin das Vorzeichen einer unmittelbar drohenden Gefahr gesehen. Bei mir, nichts. Die Scheibe auf der Beifahrerseite senkte sich mit einem leisen elektrischen Surren und mit einer Gleichmäßigkeit, die sich deutlich von den Fenstern der alten Peugeots Pars unterschied, bei denen man die Kurbel plötzlich in der Hand hielt. Mit einer eindringlichen Geste, eher Befehl als Einladung, bedeutete mir der Mann am Steuer, ich solle einsteigen. Es war finstere Nacht, ich war klatschnass und die Innenstadt noch weit. Was hatte ich zu verlieren, außer mein Leben?

»*Hotel*«, sagte ich und deutete auf meinem Telefon auf den Namen eines Hotels. »*Can you take me to this hotel?*«

»*Erê*«, sagte der Fahrer – »ja«, auf Kurdisch. Dann

verriegelte er mit einem Knopfdruck alle Türen. Ganz offensichtlich verfügte diese Kiste über jede Sonderausstattung. Ihr Besitzer ähnelte Jewgeni Dawidow, einem Eishockeyspieler aus Tscheljabinsk in der UdSSR, der mir am 6. Februar 1996, meinem neunten Geburtstag, ein Autogramm gegeben hatte (ich weiß nicht, ob Sie ermessen, was für ein beachtliches Ereignis ein Autogramm von Dawidow in meinem Leben darstellte). Mit seiner platten Nase, dem eckigen Kiefer und einem so scharfen Blick, dass er Ihnen einen Finger abtrennen könnte, um ihn Ihren Angehörigen zu schicken, konnte Dawidow ebenso gut Eishockeyspieler sein (was er war) wie ein Spion des KGB (was er meines Wissens nicht war – es sei denn, Eishockeyspieler war eine Tarnung). Nach einem Kurzaufenthalt in Amiens, wo er mit seinen Finten die Fans der Gothiques d'Amiens begeisterte (noch zwanzig Jahre später sprach man den Namen Dawidow voll raunender Bewunderung aus), hatte er seinen Hockeyschläger von Meisterschaft zu Meisterschaft getragen, bevor er seine Karriere mit fast vierzig in der dritten russischen Liga beendete. Ich frage mich, was aus ihm geworden ist. Aber gut, ich schweife ab, ich entferne mich – ja, aber immer noch weniger als der Fahrer des Wagens, dem ich den Namen des Hotels gezeigt hatte, in dem ich die Nacht verbringen wollte. Ich folgte unserer Fahrt auf einer Offline-Karte: Der Fahrer bewegte sich exakt in die entgegengesetzte Richtung. Warum dieser Umweg – die Frage hätte ich ihm gerne gestellt, aber er sprach nicht ein Wort Englisch, ich nicht ein Wort Kurdisch, und mein Farsi-Vokabular beschränkte sich auf ein halbes Dutzend transparenter Wörter – ampul, biskuit, kabaré, okaliptus. Da war ich weit gekommen.

Wir fuhren an dem Riesenporträt eines Militärs vorbei – Orden und Tressen, weißer Bart und weißes Haar, dichte dunkle Augenbrauen: General Soleimani, ehemaliger Kommandeur der Revolutionsgarden, Freund der Hisbollah und der Hamas, der Huthi im Jemen und des Islamischen Dschihad in Palästina, von Baschar al-Assad und Ajatollah Khamenei – nicht aber von Präsident Donald Trump, der ihm drei Jahre zuvor eine Drohne *made in America* nach Bagdad und in den Bart geballert hatte. Überraschung! Seitdem verewigte die Islamische Republik den ruhmreichen General, indem sie sein Porträt groß in allen iranischen Städten aufhängte.

»*Terrorist! Terrorist!*«, rief mein Fahrer.

Ich hatte sein Englisch unterschätzt: »Grundkenntnisse«. Wenn er Soleimani verachtete, dann verabscheute er auch Khamenei. Und wenn er Khamenei verabscheute, konnte ich beruhigt sein. Und das war ich umso mehr, seit ich den Grund für den Umweg erfasst hatte: Wir hatten einfach unterwegs seine Frau aufgegabelt, die gerade bei ihrer Mutter zu Abend gegessen hatte (»*eat, mother*«, sagte sie – und ich hoffe, dass ich die beiden Wörter nicht überinterpretiert habe). Sie setzten mich vor dem Hotel Kurd ab, protestierten lauthals angesichts der Toman, mit denen ich sie bezahlen wollte, begleiteten mich bis in die Lobby, um sich zu vergewissern, dass man ein Zimmer für mich finden würde, ehrliche Leute, wirklich – alles war gut, ich musste aufhören, mir wegen jeder Kleinigkeit Sorgen zu machen.

Früh aufgestanden. Vor der Reiterstatue eines Schnauzbärtigen mit Stiefeln und Turban kippte ein Laster Wassermelonen aus. Ein Stückchen weiter verkörperte eine Skulptur den Namen der Stadt. Die Buchstaben waren weiß, außer den beiden Q von Saqqez, die rote Herzen bildeten. Rot war auch die weiße Steinstatue einer kurdischen Frau in traditioneller Tracht: Um das Schicksal anzuprangern, das ihr das Regime auferlegte, hatte jemand sie in der Nacht mit Blut angestrichen – dem eines Schafs. Zahlreiche Schaulustige betrachteten die künstlerische Tat mit dem Anflug eines zustimmenden Lächelns. Sie waren auf kurdische Art gekleidet, Samtweste und Pluderhose, um die Taille einen Stoffschal geschlungen: Früher trug man ihn, um einen Dolch zu verstecken; mit der Zeit wurde die Tradition aufgegeben, aber seit dem Tod von Mahsa Amini wurde sie wiederbelebt, demonstrativ ragten Griffe aus den Gürteln, und lange, geschärfte Klingen waren bereit, unter den Kehlen der Schergen des Regimes zu glänzen.

Saqqez, Kurdistan.

Die Zweige der Bäume im Kosarpark waren kahl, ihre Blätter lagen auf dem Rasen verstreut: Der Winter war da, aber der Winter war mild, wie ein verlängerter Herbst. Und der Himmel so klar, dass man stundenlang durch die Straßen von Saqqez flanieren konnte, ohne je die Berge aus den Augen zu verlieren. Und das, ohne einer einzigen Uniform zu begegnen. Nicht ein Soldat, nicht ein Polizist, was in dieser explosiven und aufrührerischen, widerspenstigen Stadt überraschte, wo man beim kleinsten Funken zum Gouverneur stürzte, um Rechenschaft von ihm zu verlangen. Es fiel schwer zu glauben, dass es sich hier um einen der am härtesten unterdrückten Orte des Landes handelte. Ein weiterer Grund zum Erstaunen: Während man überall sonst, von Zahedan bis Täbris, meine Gesellschaft gesucht hatte, wichen die Einwohner von Saqqez meinen Blicken, dem Gespräch mit mir, meiner Person aus; zum ersten Mal, seitdem ich im Iran war, begann ich den Satz von Bouvier, der diesem Buch vorangestellt ist, infrage zu stellen. Ich zog daraus voreilige Schlüsse: Die Kurden brachten mir so wenig Interesse entgegen, weil sie weniger gesellig, weniger neugierig, weniger gastfreundlich als die Perser waren. Die Wahrheit – ich musste nicht lange darauf warten, sie zu verstehen – war, dass es in Saqqez von Zivilpolizisten, Revolutionswächtern ohne Uniform, unauffälligen Bassidschis nur so wimmelte und dass diese ganze feine Gesellschaft mit ihrer Umgebung verschmolz. Wie viele waren es? Einer

auf zehn? Einer auf hundert? Unmöglich zu wissen.
Doch wie ein einziger Tropfen Farbe, in Wasser aufgelöst, ausreicht, ihm eine trübe Färbung zu verleihen,
hatte Saqqez die Farbe der Angst. Ein Fremder in Kurdistan – das Regime war schnell dabei, ihn für einen
Spion zu halten. Ein Franzose? Ganz sicher ein Agent
des französischen Geheimdienstes oder des Mossad,
und auch nur ein paar Worte mit ihm zu wechseln,
konnte einen zu seinem Komplizen machen.

Es war fast vierzehn Uhr, ich hatte seit dem Frühstück nichts gegessen. Ich hatte Hunger.

Ich habe mich nicht groß über die iranische Gastro-
nomie ausgelassen. Vor meiner Abreise hatte man mir
gesagt: »Ah! Da wirst du das *ghormeh sabzi* entdecken,
unser Nationalgericht, eine Mischung aus roten Boh-
nen, Zwiebeln und Lammfleisch; und das *fesendschan,*
ah, das *fesendschan,* ein köstliches Schmorgericht mit
Huhn und dazu Safranreis; und dann die *abguscht,* eine
Lammfleischsuppe mit Kichererbsen, du wirst begeis-
tert sein; und außerdem …« Na gut, ich muss mich im
Land geirrt haben: Im Iran wurde mir nie etwas anderes
serviert als Kebab. In den meisten Fällen lief es folgen-
dermaßen ab: Ich betrat ein Restaurant, fragte nach der
Karte, wenn jemand Englisch sprach, übersetzte man
sie mir – man könne mir einen Kebab anbieten oder
auch einen Kebab oder sogar, wenn ich zu Scherzen
aufgelegt sei, einen Kebab? Aber vielleicht würde ich
einen Kebab vorziehen? Und wenn es niemanden gab,

der übersetzen konnte, zeigte ich mit dem Finger aufs Geratewohl auf die Karte und neun von zehn Mal, wirklich, keine Chance, stieß ich auf den berühmt-berüchtigten Kebab *koobideh,* auf dem Grillrost gebratenes Hackfleisch, dazu eine Bitterorange, eine Zwiebel und Tomaten, ebenfalls gegrillt. Allmählich hatte ich die Nase voll von Kebabs. Ansonsten ernährte ich mich im Wesentlichen von *nan-e barbari,* einem ovalen Brot, lang wie ein Tennisschläger. Und natürlich von *baklava.* Ich hatte gerade drei gekauft, die ich mit einem Bissen verschlungen hatte; sie hatten mir Appetit gemacht. Ich betrat ein vollständig leeres Restaurant, kein einziger Gast und nur zwei Tische, es roch stark nach Lamm und Geldwäsche. Immerhin konnte man dort zu Mittag essen, aber auf der Karte gab es nur ein einziges Gericht (welches? Ich lasse Sie raten).

Ich beendete gerade mein Essen unter den unbeugsamen Blicken von Khamenei und Khomeini, die aus ihren hellen Holzrahmen neben dem Eingang über mein Festmahl wachten, als jemand sich an meinen Tisch setzte. Ein Mann um die vierzig, offensichtlich begierig, das Gespräch zu eröffnen. Eine umso lobenswertere Absicht, als er weder ein Wort Englisch sprach noch verstand. Aber die Technik überwand munter die Sprachbarriere, und eine App auf seinem Telefon übersetzte aus dem Farsi:

»*Where are you from?*«

Das war die Frage, die mir am häufigsten gestellt wurde. Und wenn ich dann France sagte, zeichnete sich auf den Gesichtern ein verträumtes Lächeln ab. Ach, Frankreich! Paris, der Eiffelturm, Kylian Mbappé. Bei ihm: nichts. Mist. Wenn nicht einmal mehr Frankreich zum Träumen bringt.

*»What are you doing here?«*

Tourist. Ich war ein Tourist, der eine touristische Tour durch den touristischen Iran macht. Von Anfang an hielt ich mich an diese Version, und von Anfang an lautete die nächste Frage: Warum der Iran? Warum dieses halb wüstenartige Land mit einer Regierung aus Halbtrotteln, mit der Justiz des Islamischen Staates, den bürgerlichen Freiheiten Nordkoreas, der Wirtschaft Venezuelas und dem Gesundheitssystem Bangladeschs, während so viele andere, schönere und vor allem viel sicherere Länder noch zu entdecken waren? Die Iraner staunten, dass man das Bedürfnis haben konnte, sie zu besuchen. Er nicht. Er hatte eine andere Frage.

*»What is your hotel?«*

Das schreckte mich auf.

*»Why?«*, schrieb ich.

Um die Menschen davon abzuhalten, Videos zu teilen – Videos von Demonstrationen oder von der Niederschlagung von Demonstrationen –, die das Regime bloßstellen könnten, reduzierten die Behörden die Netz-Bandbreite im gesamten iranischen Kurdistan. Das Internet war nervtötend langsam. Wenn Ihre

Schwester Ihnen auf WhatsApp ein Video vom zweiten Geburtstag Ihrer Nichte schickt, macht das Mädchen Abitur, wenn die Nachricht ankommt. Dieses endlose Warten fraß jede Menge Zeit, und am Ende gab man die Internetnutzung ganz von selbst auf. Bei jedem Satz, den mein Gesprächspartner tippte, musste ich mich dreißig Sekunden gedulden, bevor ich die Übersetzung erhielt.

»*You are being checked by the Islamic Revolutionary Guard Corps*«, übersetzte das Telefon endlich.

Auf Französisch bedeutete das, ich saß in der Scheiße.

*The Islamic Revolutionary Guard Corps* – kaum möglich, es noch klarer auszudrücken. War der Typ ein Pasdaran? Man sah ihm seinen Beruf nicht an. Mit seinem glatt rasierten Gesicht, dem grauen kurzärmligen Sporthemd und einer Brille am Band ähnelte er eher einem Bankberater der BNP Paribas oder so ähnlich. So gut man ihn sich vorstellen konnte, wie er einem von Zinsgipfel und Rentabilität von Sparbüchern erzählte, so schlecht sah man ihn einen Verdächtigen grillen, um Geständnisse zu erpressen.

Und wo kam er überhaupt her? Hatte er mich auf der Straße gesehen und war mir dann unauffällig hierher gefolgt? Hatte ihm jemand einen Tipp gegeben? Und wenn ja, wer? Der Restaurantbesitzer? Wenn man ihn sich genauer ansah, hatte er wirklich eine Ich-küss-dich-am-Ölberg-Visage.

Der Bankberater hatte das Verhör wieder aufgenommen – denn von nun an war es kein harmloses, launiges Gespräch zwischen einem Einheimischen und einem Touristen mehr, sondern ein regelrechtes Verhör. Er wollte wissen, was ich hier machte, wie lange ich schon im Iran sei, wie lange ich bleiben wolle, ob ich Leute in der Stadt kennen würde usw. Er wollte auch meinen Pass sehen, aber mein Pass war im Hotel (im Hotel Kurd, den Namen hatte ich ihm schließlich verraten). Ich hatte nur einen Gedanken: mein Handy säubern. Am Vormittag hatte ich den Friedhof von Saqqez besucht (ich dachte, ich würde dort das Grab von Mahsa Amini finden, da wusste ich noch nicht, dass es sich etwa zehn Kilometer weiter in Aychi befand) und Fotos gemacht. Dann gab es auf Skype meinen Chat mit Amir und all den Schweinereien, die er über Khayemani von sich gab. Und dann noch das Video von Firouzeh, wie sie regimekritische Parolen vorträgt – ich hatte es schon lange gelöscht, aber mir fiel plötzlich ein, dass es nicht *endgültig* gelöscht war: Fotos und Videos, von denen man glaubt, man habe sich ihrer entledigt, werden 30 Tage lang in einem Ordner »Kürzlich gelöscht« aufbewahrt. Ich musste mich also irgendwie mit dem Handy verdrücken, und sei es nur eine Minute. Ich sah nur eine Möglichkeit.

»*I need to pee. Can I go to the bathroom?*«

Er nickte. Ich ging hin, schloss sorgfältig die Tür ab, zog mein Handy hervor, und mein Gehirn schaltete auf Autopilot: erst das Video von Firouzeh, dann die Fotos vom Friedhof, dann das Gespräch mit Amir. Um Zeit zu sparen, löschte ich Skype, womit ich auf einen Schlag alle Chats, die ich mit Iranern geführt hatte, verschwinden ließ. Jetzt musste ich *Frankreich verständigen*. Mitteilen, dass ich mich in Saqqez befand, in Kurdistan, und dass man die Botschaft kontaktieren sollte, wenn man innerhalb von vierundzwanzig Stunden nichts von mir hörte. Aber beide Nummern, die ich anrief, klingelten ins Leere. Vor meiner Abreise hatte mein Freund Augustin mir gesagt: »Wenn etwas schiefgeht, brauchst du ein Rettungswort, ein Wort, das *SOS, ich sitze in der Scheiße,* bedeutet.« Wir saßen bei mir im Wohnzimmer, ich hatte eine Topfpflanze vor mir, einen Ficus Abidjan, den ich an einem Sonntagnachmittag im November gekauft hatte und um den ich mich seitdem sehr kümmerte: Ich goss ihn einmal pro Woche, sprühte seine Blätter mit entkalktem Wasser ein und wischte sie regelmäßig mit einem feuchten Tuch ab; zwei Jahre hatte ich den Ficus schon, ich hing an ihm – auch ich bin sehr anhänglich. Ficus, hatte ich Augustin schließlich gesagt. Mein Rettungswort ist Ficus. Gut, hatte Augustin geantwortet. Wenn du mir »Ficus« aus dem Iran schreibst, verspreche ich dir, alles in Bewegung zu setzen, damit dir geholfen wird. Aber hier in Saqqez, auf der Restaurant-Toilette, mit dem Bankberater vor der Tür, der langsam ungeduldig wurde, keine Chance, mich an mein Rettungswort zu erinnern. Ich musste nachdenken, aber ich hatte keine Zeit, nichts, ich erinnerte

mich an nichts, ich wusste nur noch, dass das Wort auf
-us endete – Typus, Status, Diplodocus, Ritus, ich ließ
sie innerlich alle an mir vorbeiziehen, dann hatte ich es
plötzlich, ja, ich hatte es: Hibiscus. Ich schickte das
Wort an Augustin. Dann steckte ich das Handy in die
Tasche, zog die Wasserspülung, um den Schein zu wahren, schloss die Toilettentür auf und ging zu meinem
Fragesteller in den Speiseraum zurück (Augustin hat
mir nie geantwortet).

Der Bankberater war nicht mehr allein. Zwei andere
Typen hatten sich zu ihm gesellt, die eher dem Bild ent-
sprachen, das man sich von den Revolutionswächtern
machen konnte: groß, schlank, mit gut gestutzten
Bärten und schwarzen, Respekt einflößenden Augen.
Sie forderten mich auf, ihnen aus dem Restaurant zu
folgen. Wohin?, fragte ich. Aber sie gaben keine Antwort. Wir gingen zu viert, der Bankberater eröffnete
den Zug, die beiden Bärtigen und ich folgten ein paar
Schritte dahinter: Sie hatten mir keine Handschellen
angelegt, sie hielten mich nicht am Arm fest, sie waren
einfach nur da, neben mir, einer zu meiner Rechten, der
andere zu meiner Linken, man hätte meinen können,
wir seien alte Freunde, die gerade zu Mittag gegessen
und beschlossen hatten, die Freude des Wiedersehens
mit einer kleinen Runde durch die Stadt, mit einem
Verdauungsspaziergang zu verlängern. Ich dachte: Sie
bringen dich ins Hotel, sie wollen nur deinen Pass überprüfen, das übliche Verfahren, kein Grund zur Sorge.

Sag nichts, lächle einfach und alles geht gut. Aber nach etwa fünfzig Metern, kaum mehr, hielten wir vor einem Eisentor, das der Bankberater aufschob: eine Garage. Man brachte mich in eine Garage. *God plase help me.*

Die Islamische Republik hatte ehemalige Sporthallen in geheime Gefängnisse umgewandelt. Nicht-Orte, wo man heimlich und ohne Motiv tage-, wochen- oder monatelang festgehalten wurde, in denen einem mit den Verhörtechniken, die man kennt, »Geständnisse« entrissen wurden. Manchmal wurde ein politischer Gefangener freigelassen, der dann in der ausländischen Presse von der Folter berichtete, der er ausgesetzt gewesen war. Die NGOs prangerten »schreckliche Verletzungen der Menschenrechte« an, die Öffentlichkeit erregte sich darüber, machte Druck auf die Regierung, die dann »als Geste der Befriedung« die Schließung eines Gefängnisses anordnete. Eine parlamentarische Untersuchungskommission legte einen unmissverständlichen Bericht vor: Folter war gang und gäbe, die Verantwortlichen sollten vor Gericht gestellt und zu abschreckenden Strafen verurteilt werden. Ein Jahr verging, die NGOs prangerten »schreckliche Verletzungen der Menschenrechte« in anderen Ländern an, wo andere Anlässe das Mitgefühl der Öffentlichkeit mobilisierten; der Direktor des Gefängnisses wurde nicht einmal verurteilt, und wenn, dann bekam er meistens nur eine Rüge und eine symbolische Strafe aufgebrummt. Um ein Exempel zu statuieren, wurden immerhin ein paar Aufseher verurteilt, die kleinen Fische unter den Folterern, die sich dann ihrerseits hinter Gittern wiederfanden – hinter den Gittern ebenjenes Gefängnisses, in dem sie gewirkt hatten, denn inzwischen hatte es seine Tore wieder geöffnet.

Aber es gab nicht nur geheime Gefängnisse: Es gab auch geheime Verhörzentren in den Kellern x-beliebiger Wohnhäuser, in leerstehenden Lagerhallen, in Garagen. In dieser Garage hier warfen vier Neonröhren ihr grelles Licht auf den rechteckigen Tisch und die drei Resopalstühle, die das einzige Mobiliar waren – abgesehen von ein paar Teppichen, die zusammengerollt in einer Ecke standen, wohl für das Gebet. Man forderte mich auf, mich zu setzen.

Der Bankberater blieb stehen. Er war nicht mehr derjenige, der die Fragen stellte. Die beiden Bartträger hatten ihn abgelöst, aber da sie nicht besser Englisch sprachen als er, benutzten sie dieselbe Übersetzungs-App. Seit wann ich im Iran sei und durch welche Städte ich gefahren sei und was ich in Saqqez mache und, übrigens, ob ich hier Leute kennen würde?

»*No*«, schrieb ich. »*Nobody.*«

Aber sie ließen nicht locker:

»*Do you have a girlfriend in Kurdistan?*«

Die Frage brachte mich zum Lächeln, nein, ich hatte kein *girlfriend* in Kurdistan, *girlfriend* in France, sagte ich, *in love, very much in love,* und übrigens würde sie sich Sorgen machen, wenn ich mich nicht bei ihr melden würde.

*»What's your job?«*

Bis dahin hatte ich das Gefühl, ganz gut zurande gekommen zu sein: Ich hatte den arglosen Touristen gespielt, der sich hatte überzeugen lassen, einen Besuch in
Kurdistan zu machen, weil man ihm so viel Schönes
über »die Berge« erzählt hatte. Aber ich hatte Angst,
dass sie meine Antworten unter einem völlig anderen
Blickwinkel betrachten würden, sobald ich ihnen verkündete, was ich im Leben machte. Die Frage nach
dem Beruf hatte ich von Anfang an gefürchtet, weil ich
genau wusste, dass sie sie irgendwann stellen würden.
Lügen war eine Option, ja, aber eine gewagte: Um meinen *job* zu kennen, brauchten sie nur meinen Namen in
eine Suchmaschine zu tippen, und sie würden es sofort
wissen. Ich musste geschickt sein: *Writer* war zu vage,
das konnte ebenso Schriftsteller bedeuten wie Autor
für Kinder-Comics, wie Werbetexter – oder Journalist.
Wenn es nun aber etwas gab, was sie sich nicht in den
Kopf setzen sollten, dann, dass ich Journalist war und
obendrein französischer Journalist. Wenn sie mich für
einen Journalisten hielten, würde ich nicht mehr aus
der Garage rauskommen. *Novelist* schien mir sicherer,
ja, das war gut, Romanschriftsteller: Der Kerl schreibt,
aber er schreibt Fiktion, reine Produkte seiner Fantasie,
die keine Gefahr für die Islamische Republik darstel-
len – das war es, was ich ihnen vermitteln sollte. Mein
letzter Roman hatte eine leidenschaftliche Beziehung
zum Thema (Ehebruch, eine Menge Sex – nicht die Art

Buch, die man bei den Lektüreempfehlungen der Mullahs wiederfinden würde, aber bis das Buch ins Persische übersetzt wäre …), also habe ich geantwortet: *Love novelist.* Ich schrieb Liebesromane. *Romances. So French.* Die App übersetzte meine Antwort, die beiden Typen sahen sich an, dann sahen sie mich an. Nächste Frage.

»*Do you know what happened here?*«

Also gut – da gibt es jetzt kein anderes Wort –, da habe ich sie für dumm verkauft. Ja, natürlich, ich hatte irgendwas von den Demonstrationen gehört, die zwei Monate zuvor in Saqqez stattgefunden hatten, aber jetzt war das doch alles vorbei, oder?

Sie haben nicht geantwortet.

»*Pictures*«, sagte der Bankberater.

Er wollte meine Fotos sehen.

Ich entsperrte mein Telefon und streckte es ihm hin, aber er protestierte und gab mir mit einer ablehnenden Geste zu verstehen, dass ich es in der Hand behalten könne, er wolle meine Fotos sehen, aber ich solle sie auf dem Display durchscrollen, das würde ihm genügen – ich tat es: der Golestanpalast, die Ruinen von Persepolis, Moscheen, Basare, soviel du willst, Teppiche und Ringe, die Wüste Lut, ein Zelt, Kamele usw. Ein wahrer Reiseführer. Sie wirkten enttäuscht.

Vielleicht sagten sie sich allmählich, dass sie nichts gegen mich in der Hand hatten. Vielleicht aber war ich es, der sich allmählich sagte, dass sie sich allmählich sagten usw. Schließlich hatten sie ja auch nichts gegen die sieben Franzosen in der Hand, die in ihren Kerkern vegetierten, zwei Lehrer, eine Anthropologin, ein Tourist, der eine Van-Reise durch den Iran machen wollte usw. Das Mullah-Regime betrieb eine Geisel-Diplomatie, ein Faustpfand mehr konnte nie schaden. Die Wahrheit ist, glaube ich: Ich hatte einfach Glück. Ich bin auf Typen gestoßen, die zwar ihre Arbeit machten, aber ohne großen Ehrgeiz, und die sicher Besseres zu tun hatten. Sie haben mich noch eine Stunde bearbeitet, um mir schließlich zu verkünden, ich sei frei, könne aber nicht hierbleiben. Weder in Saqqez noch in Kurdistan noch im Iran:

*»Saqqez: closed. Kurdistan: closed. Iran: closed.«*

Naiv habe ich dann doch gefragt, warum.

*»Because you cannot trust people here. Now, you go to your hotel, then you go to the bus station, and you leave Kurdistan.«*

Sie haben das Foto in meinem Pass fotografiert, dann haben sie mich fotografiert, dann haben sie meine Fingerabdrücke genommen, dann haben sie mir erklärt, dass ich jetzt registriert sei, und wenn ich Kurdistan nicht innerhalb von vierundzwanzig Stunden und den Iran innerhalb von drei Tagen verließe, würde man mich festnehmen und dann richtig. Solange ich noch in Kurdistan sei, dürfe ich mit niemandem sprechen, weil die Leute hier, so sagten sie noch einmal, *nicht vertrauenswürdig* seien. Ich dankte ihnen für ihre klugen Ratschläge, und sie gaben mir die Hand, als hätten wir gerade unter Freunden drei Stunden beim Tee geplaudert.

Ich verließ die Garage, lief zum Hotel, packte meine Tasche und ging zum Bahnhof. Am selben Abend saß ich im Bus nach Teheran. Wenn ich die Augen aufschlug, zogen vor der Scheibe die hügeligen grünen Landschaften Kurdistans vorüber, von denen ich nicht wusste, ob ich sie jemals wiedersehen würde. Wenn ich die Augen schloss, sah ich meine Reise wieder vor mir. Da sah ich, bunt durcheinander, Fayence-Kacheln, Sanddünen, Gärten, den Schatten einer Katze, einen Afghanen, der bei einem Inder Deutschunterricht nahm, einen kleinen Prinzen, wie er *Der kleine Prinz* im Lande der Belutschen suchte, eine Straßenkarte des Irans, über die man sich einen Moment beugt, man liest die Namen der Städte, die man sehen wird, und der anderen, die man gesehen hat, man liest Schiras und denkt an die Verse eines Dichters, liest Kerman und sieht wieder einen Tanz vor sich, Isfahan und es kommt einem der unerhörte Mut einer Zwanzigjährigen in den Sinn. Der Bus fuhr durch Kurdistan, und ich dachte daran, was mir Firouzeh auf dem Mount Soffeh gesagt hatte, an ihre Angst nicht vor dem Tod, sondern vor dem Gefängnis, und an ihre Methode, sich darauf vorzubereiten, indem sie Gedichte auswendig lernte – Dutzende, Hunderte von Gedichten, die sie sich für den Fall der Fälle einprägte. Wenn sie eines Tages verhaftet werden sollte, so mochte man sie wohl einsperren, sie mit Dutzenden anderen in eine Zelle quetschen oder sie isolieren, man mochte ihr Nahrung und Schlaf vorenthalten, sie beschimpfen, sie verprügeln, sie vergewaltigen, es gab eine Sache, eine kleine Sache, die den unbeugsamen Kern ihres Wesens bildete und die nichts und niemand, weder die Angst noch die Mullahs noch die Wärter ihr jemals würden nehmen können: die Gedichte, die sie auswendig kannte und die sie sich aufsagen würde, während sie den Tod erwartete oder vielleicht, endlich, die Freiheit.

*Dieser Bericht ist auch für Alma d'Ollone,*
*die mit den Engeln auf du und du steht.*

**François-Henri Désérable**, 1987 in Amiens geboren, war zehn Jahre lang professioneller Eishockeyspieler. Nach ersten Novellen erschienen 2015 und 2017 seine Romane *Évariste* und *Un certain M. Piekielny*. Der zweite Roman ist eine Hommage an den Schriftsteller Romain Gary und wurde in ein Dutzend Sprachen übersetzt. Auf Deutsch erschien er unter dem Titel *Ein gewisser Monsieur Piekielny* 2018 bei C.H.Beck. Für *Mon maître et mon vainqueur* wurde François-Henri Désérable 2021 mit dem Grand prix du roman de l'Académie française ausgezeichnet. Unter dem Titel *Mein Meister und Bezwinger* erschien der Roman 2023 im Rotpunktverlag. *L'usure d'un monde. Une traversée de l'Iran,* auf Deutsch *Eine verfahrene Welt. Meine Reise durch den Iran,* erhielt unter anderem den Prix Nicolas-Bouvier 2023 und den Prix Montaigne 2024.

**Claudia Steinitz** und **Tobias Scheffel** übersetzen seit vielen Jahren französischsprachige Literatur. Claudia Steinitz hat Werke unter anderem von Virginie Despentes, Véronique Olmi, Albertine Sarrazin, Catherine Safonoff und Gabriella Zalapì ins Deutsche übertragen, Tobias Scheffel von Christophe Boltanski, Georges Perec, Pierre Lemaitre, Timothée de Fombelle, Marie-Aude Murail und anderen. Gemeinsam haben sie Romane von Véronique Bizot, Antonin Varenne und zuletzt (zusammen mit Andrea Spingler) den Briefwechsel zwischen Albert Camus und Maria Casarès übersetzt. Claudia Steinitz lebt in Berlin, Tobias Scheffel in Freiburg i. Br.

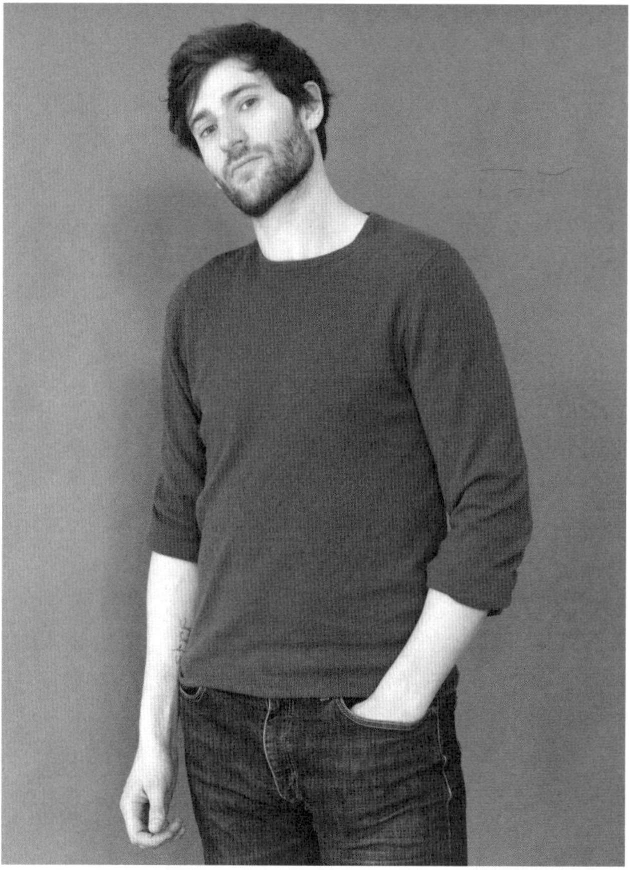

Foto: Francesca Mantovani © Éditions Gallimard

*»Ein wunderbarer Roman, lustig, intelligent, leicht – wie alle (sehr) verrückten Liebesgeschichten.«*
Anna Cabana, *Le Journal du Dimanche*

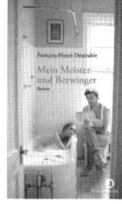

François-Henri Désérable
**Mein Meister und Bezwinger**
Roman

Aus dem Französischen von Tobias Scheffel und Claudia Steinitz
216 Seiten, gebunden, 2023, ISBN 978-3-03973-001-8